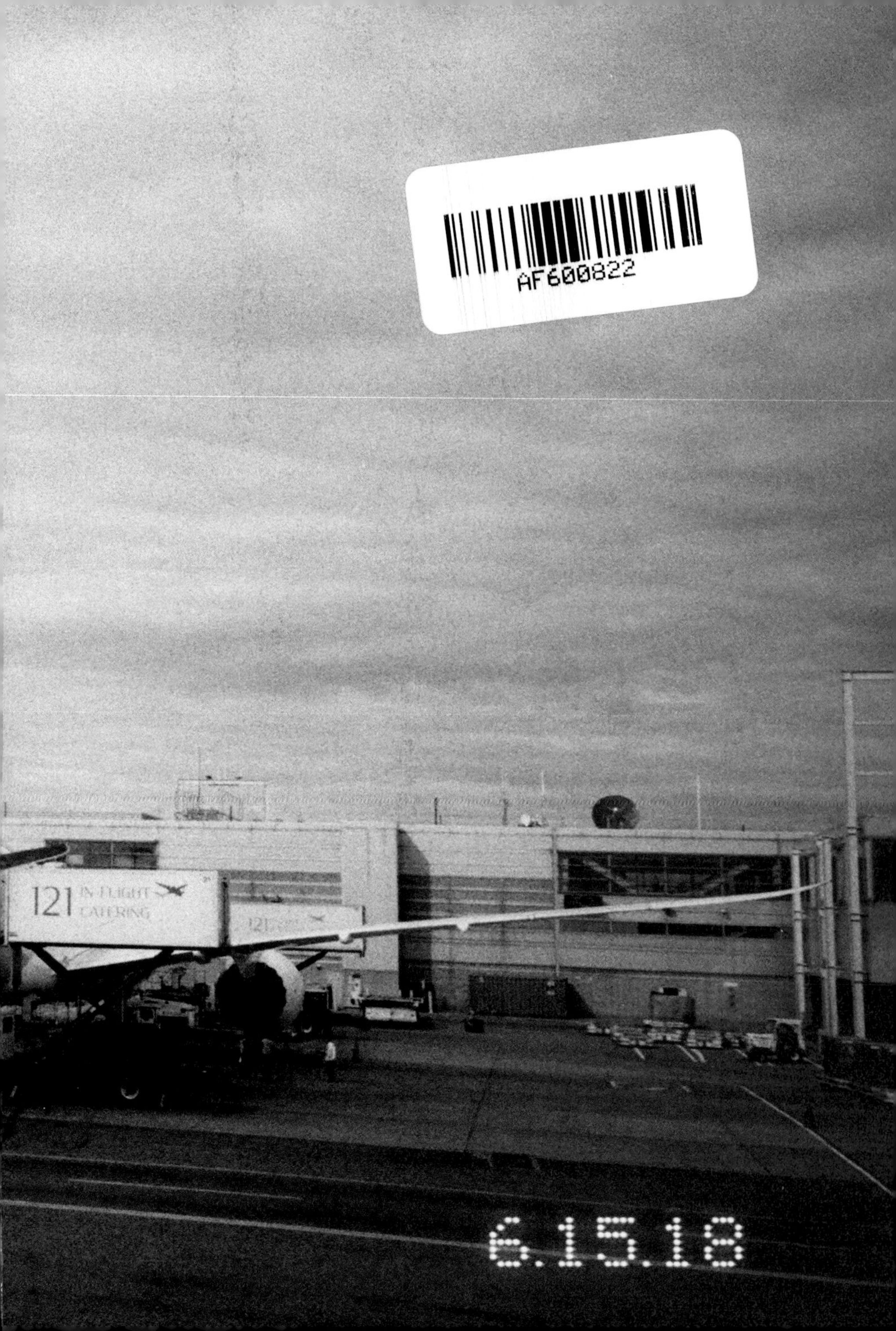

6.15.18

Ari Marcopoulos

Boarding Pass

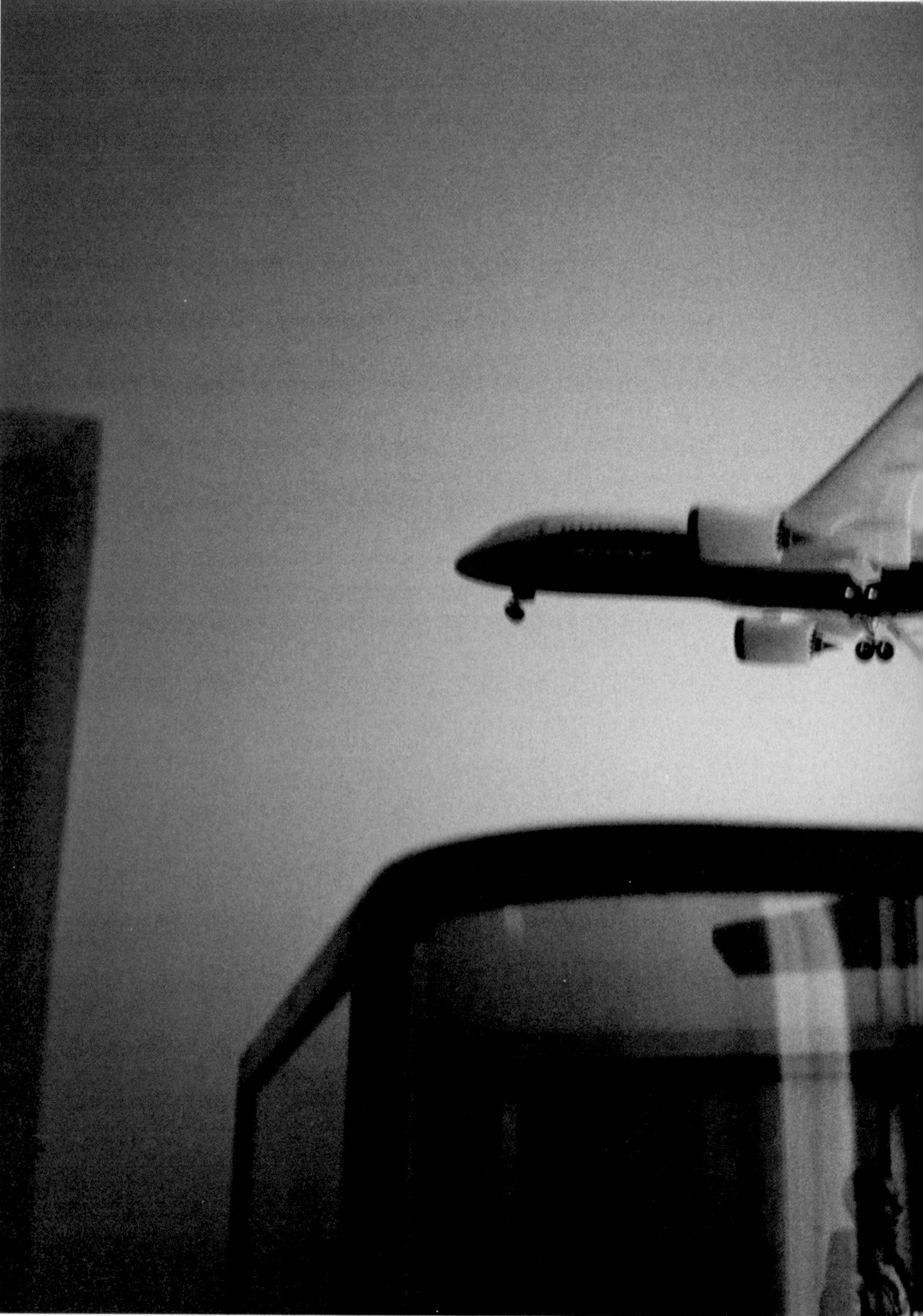

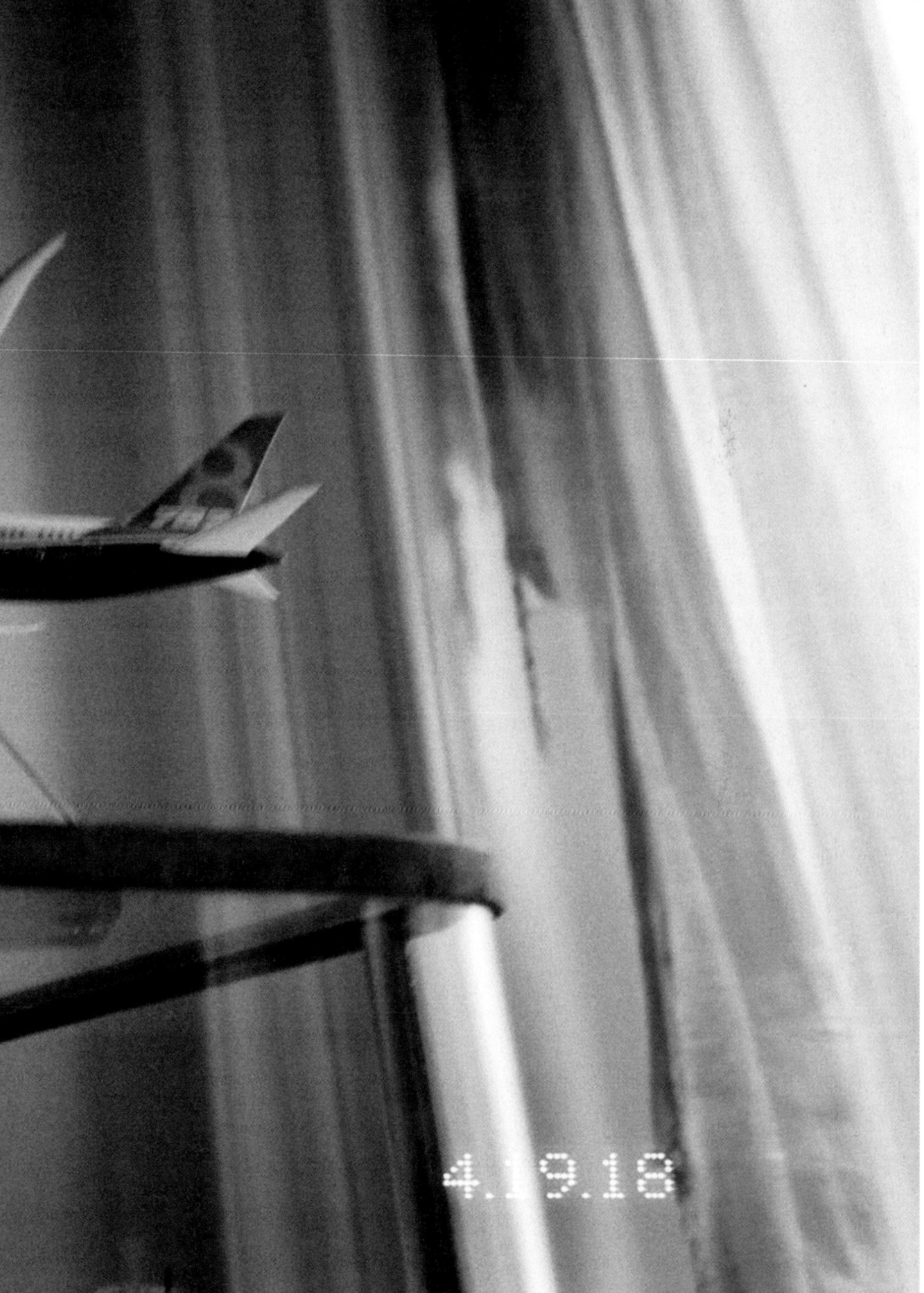
4.19.18

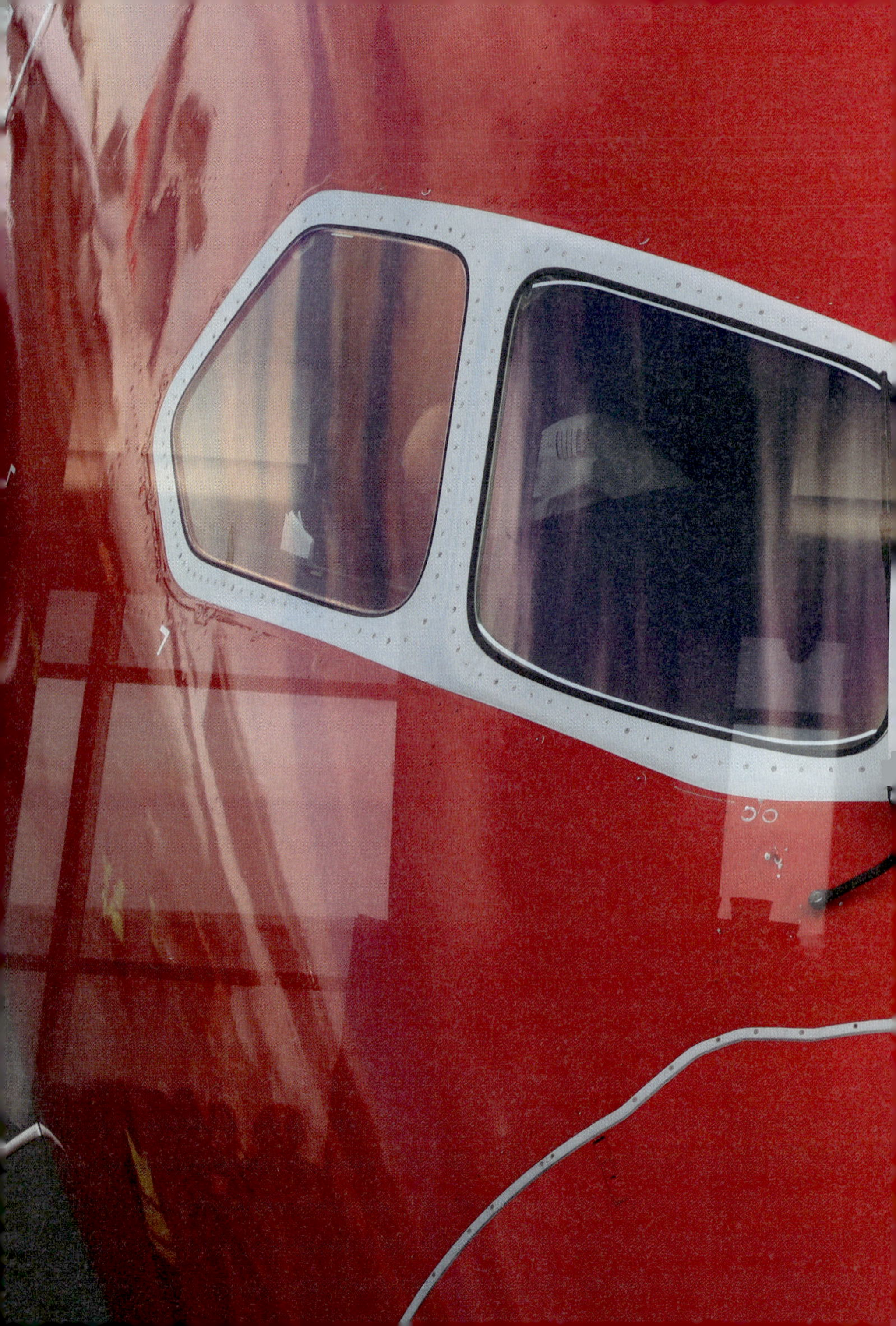

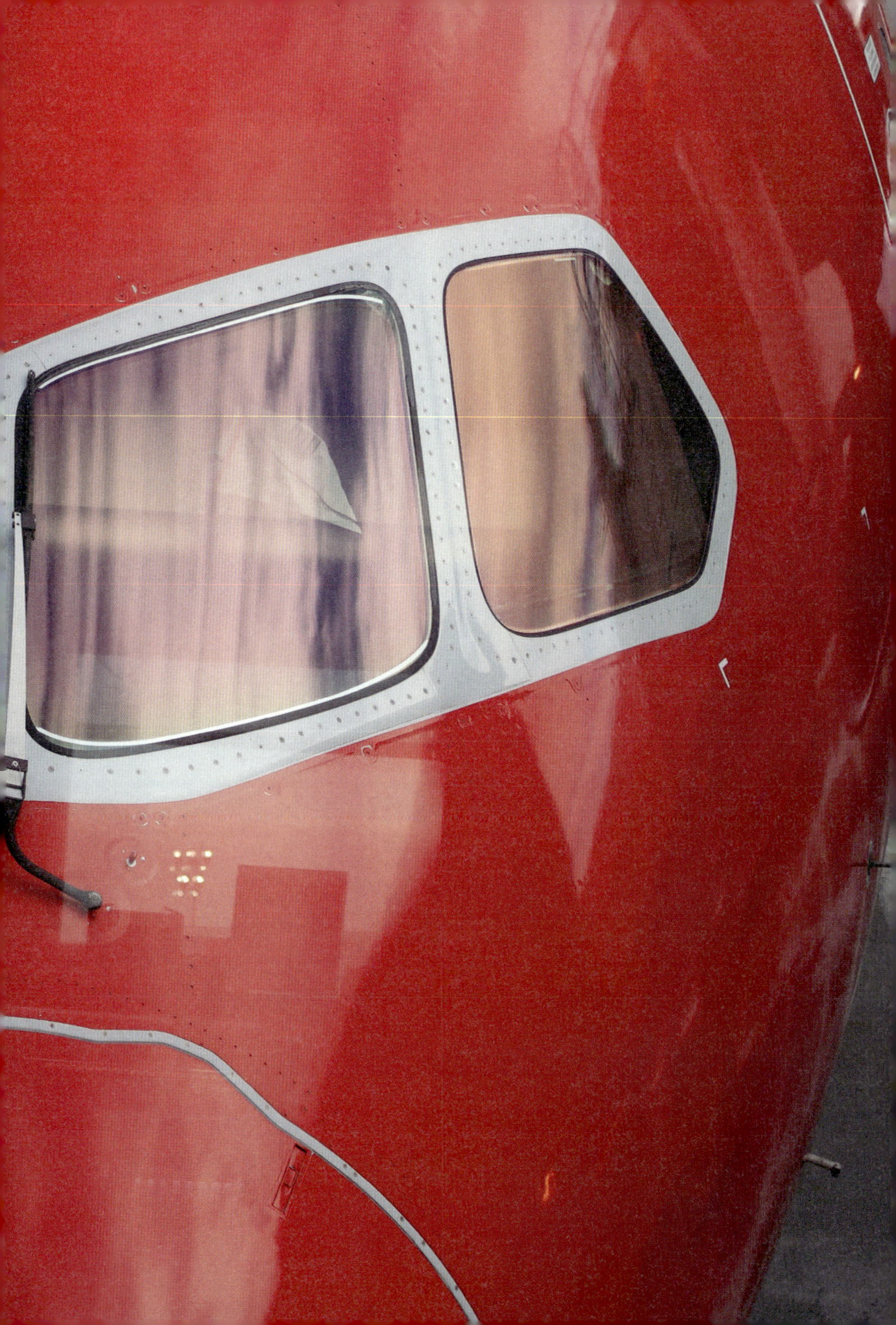

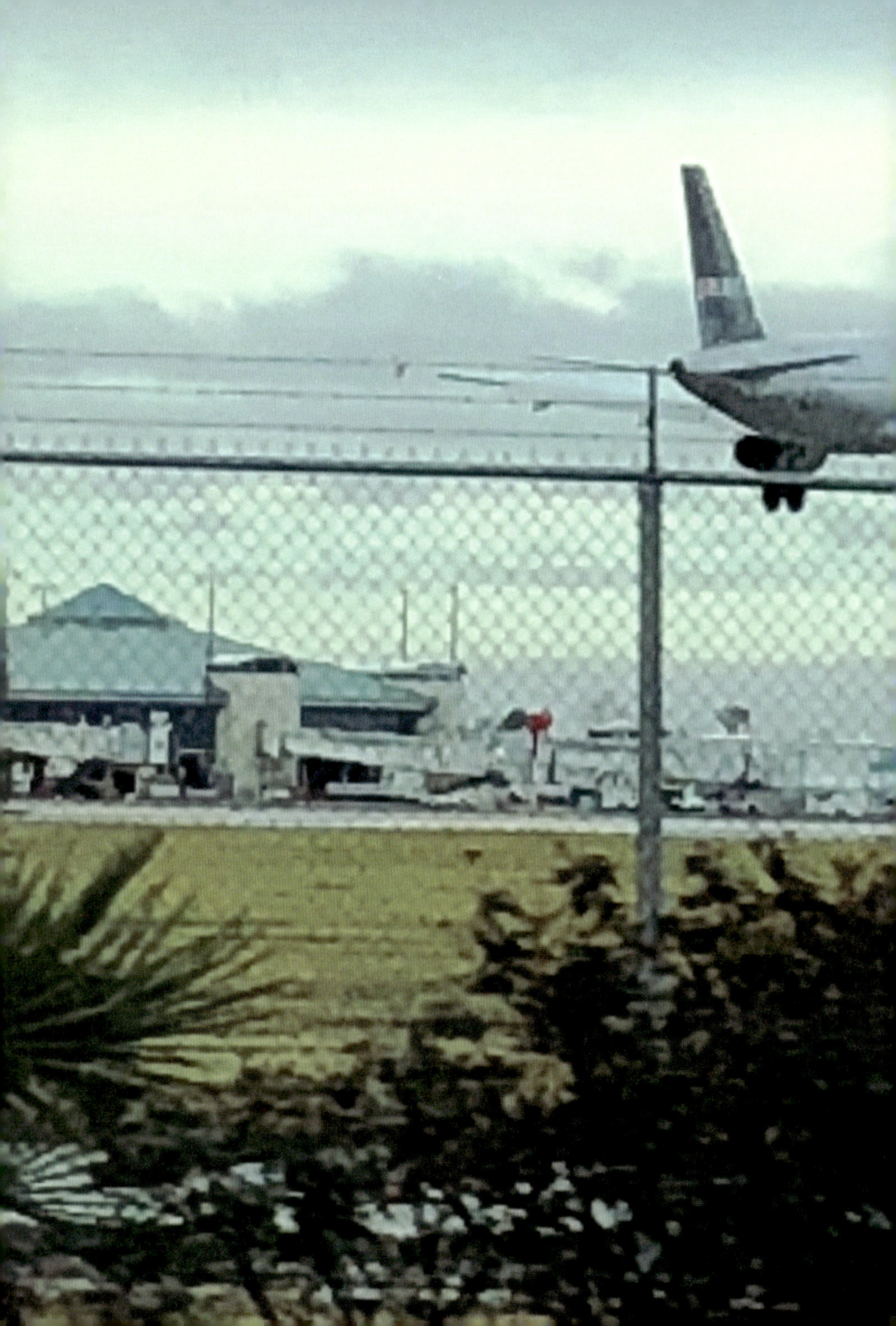

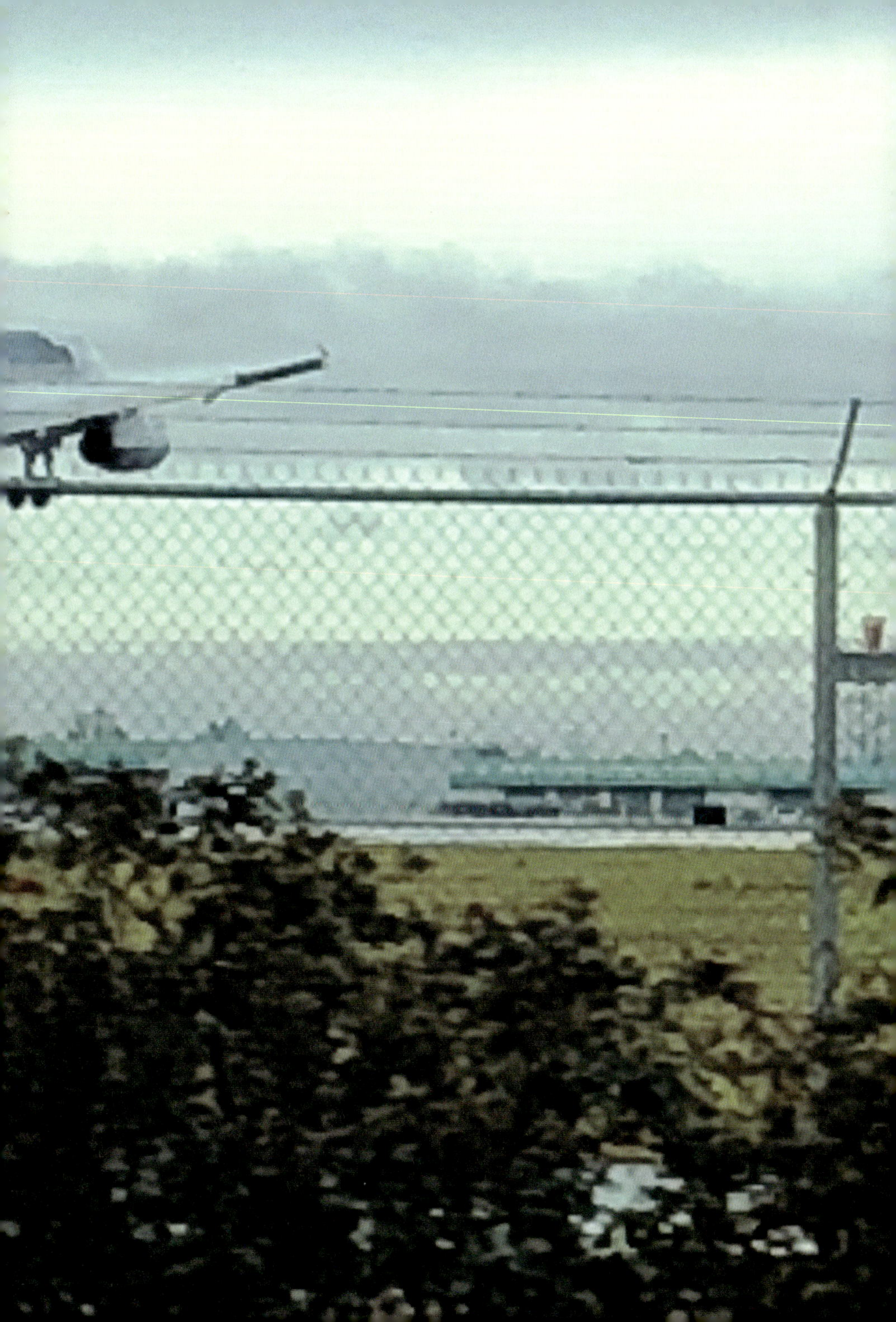

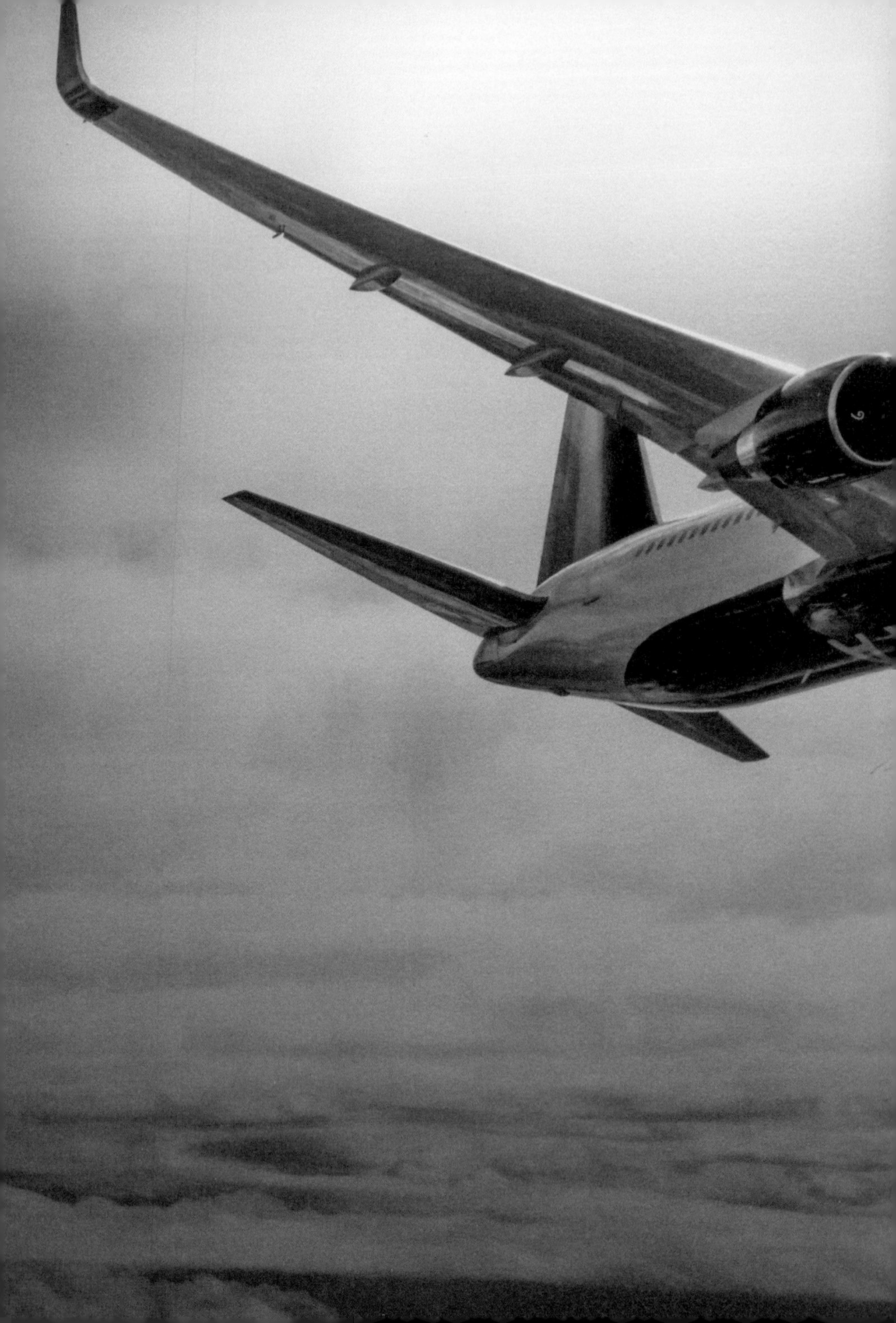

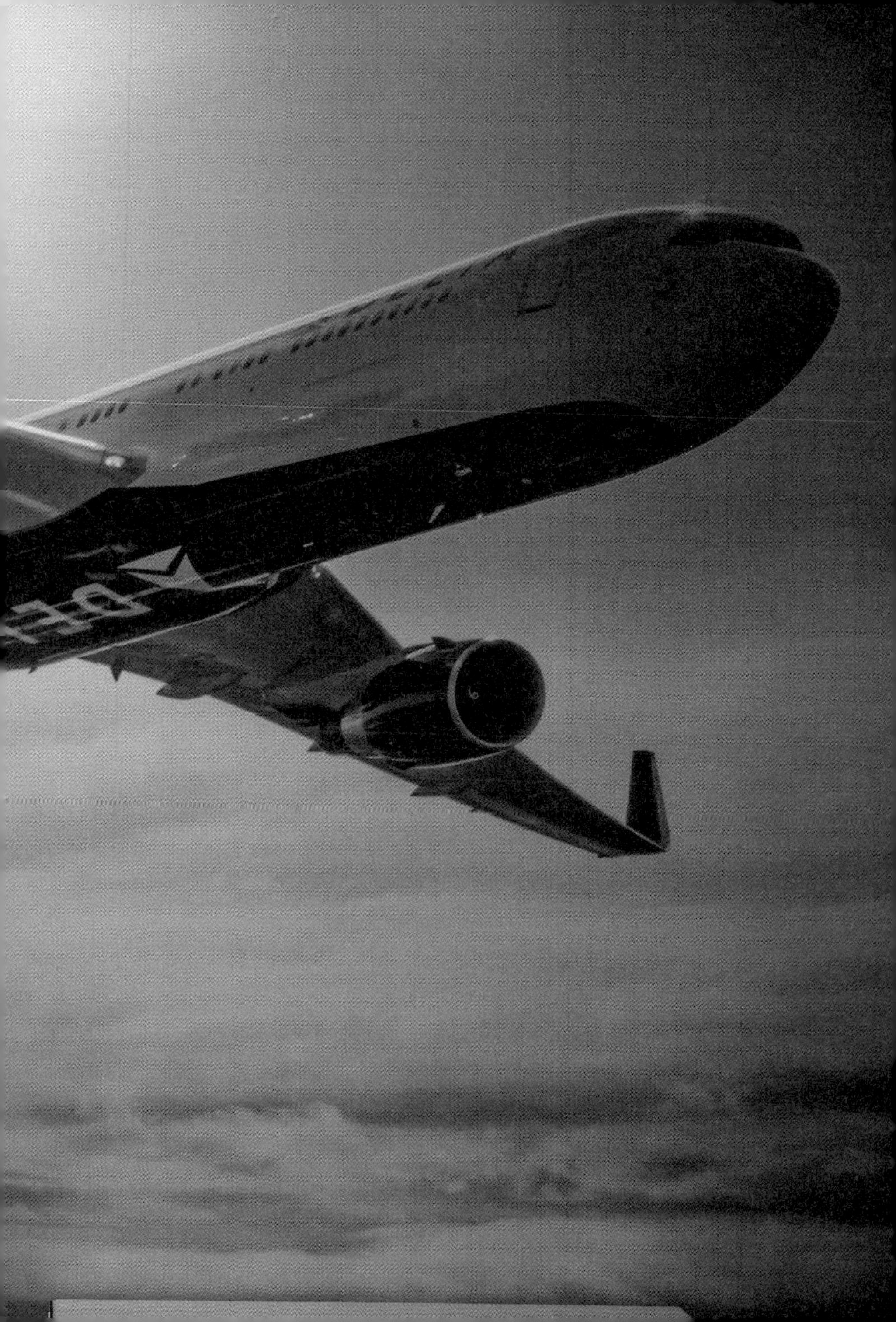

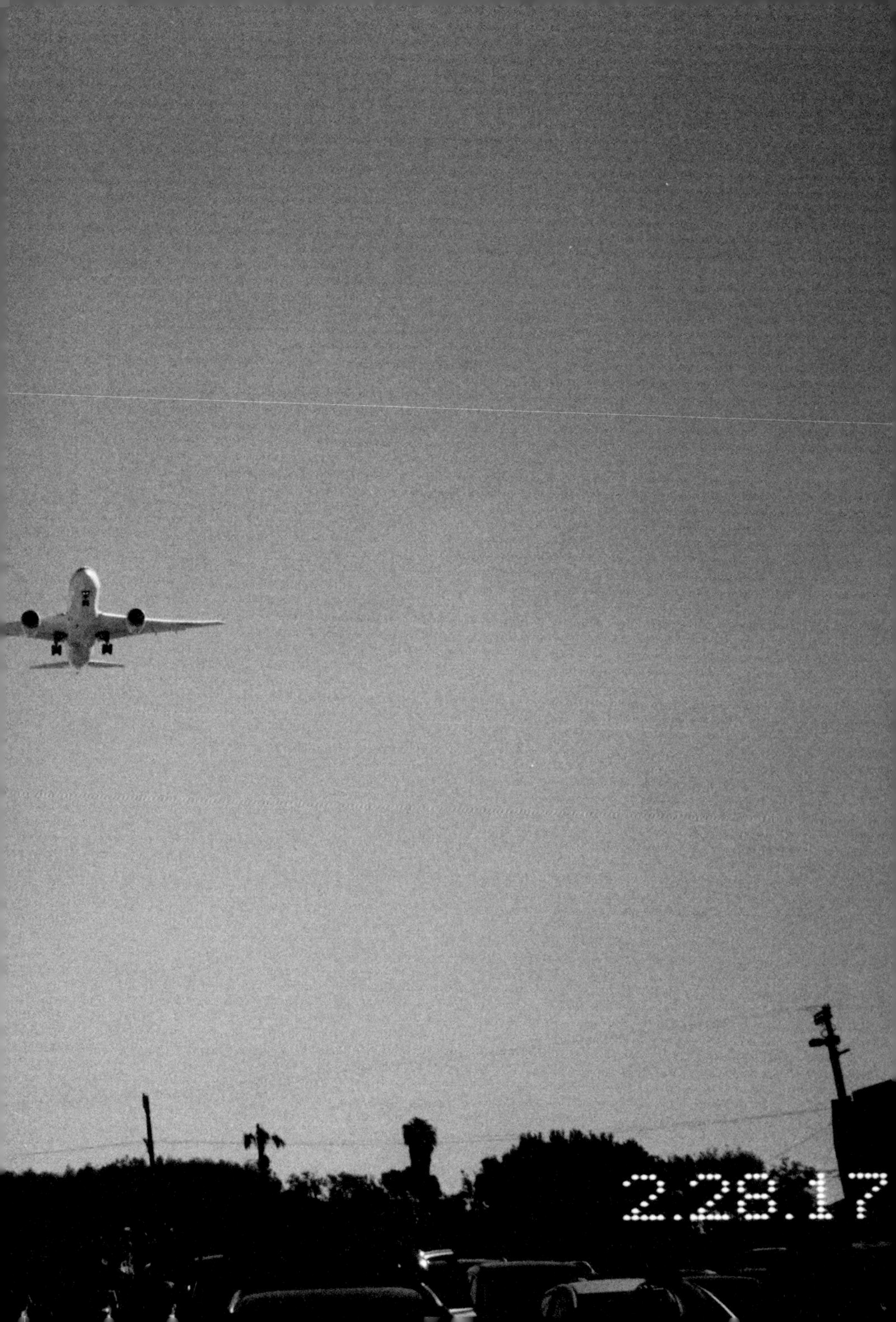
2.28.17

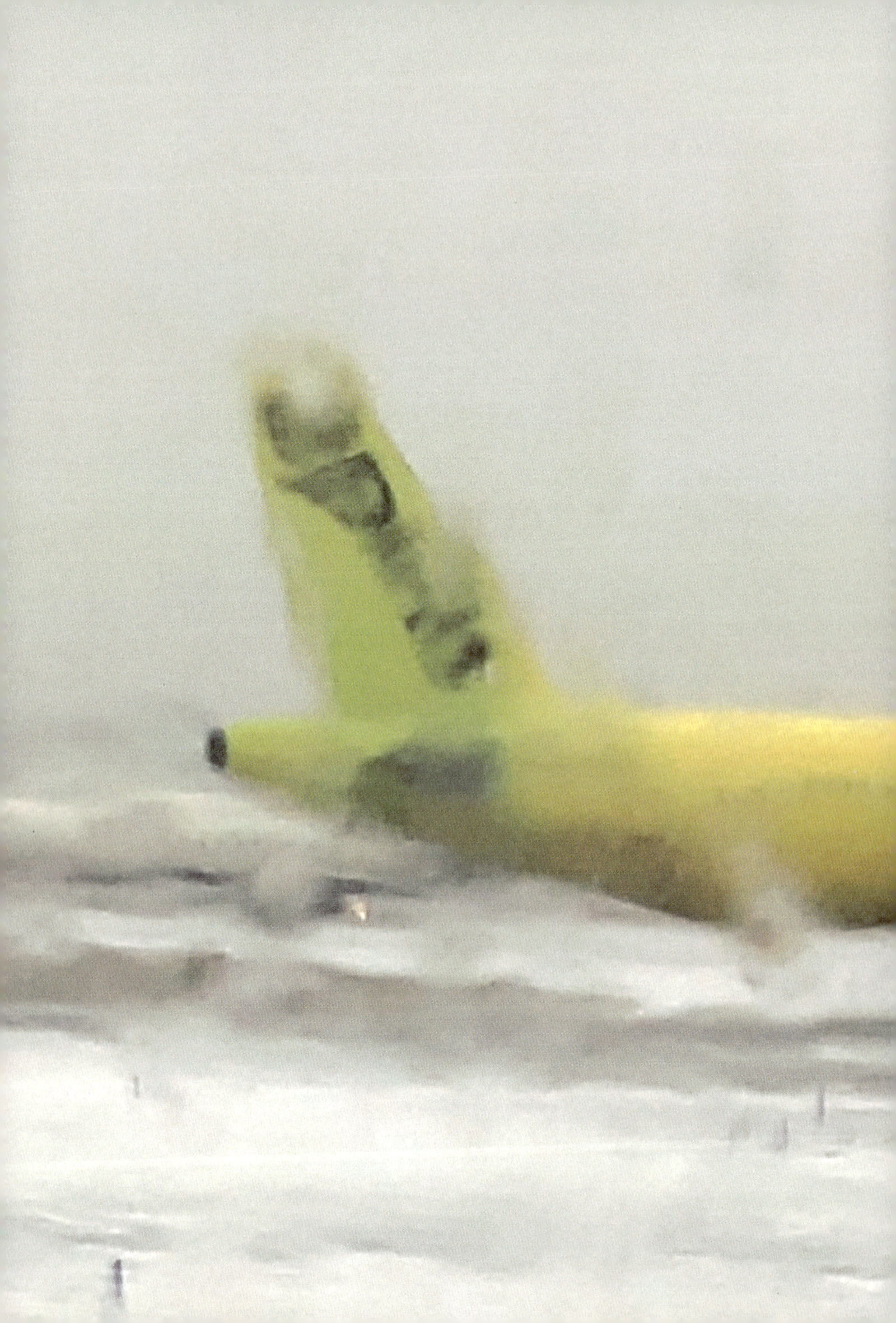

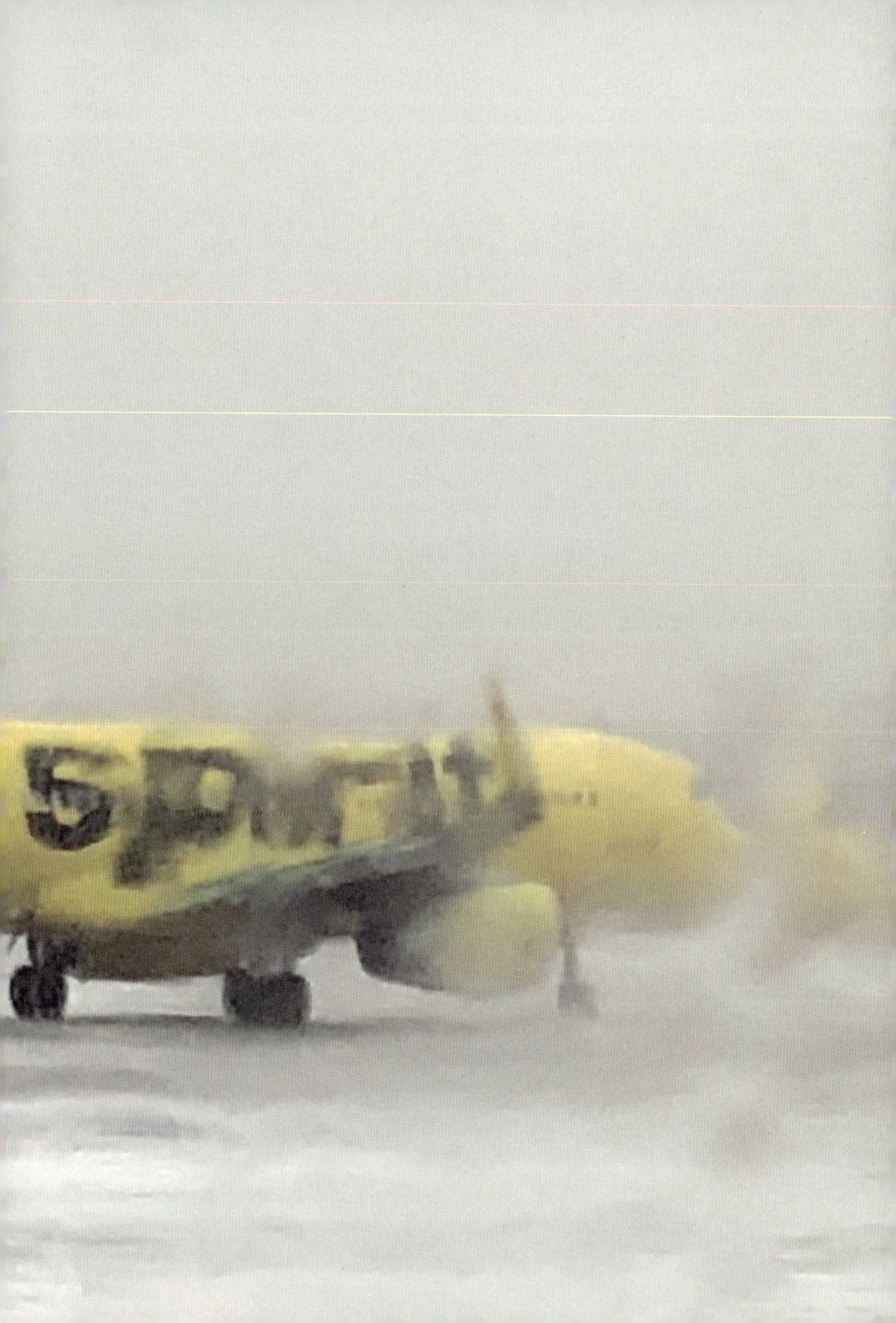

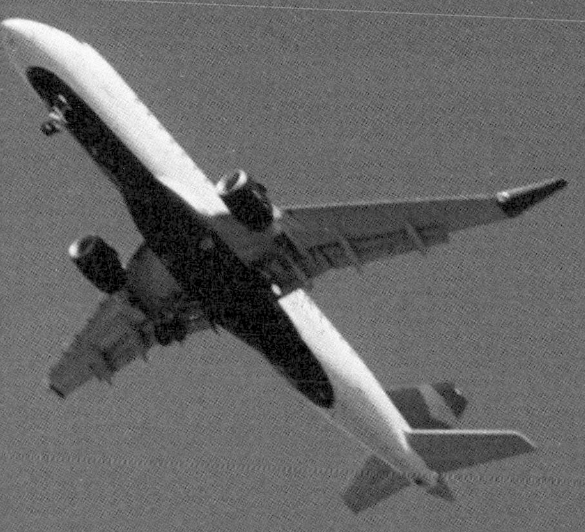

2.22.17

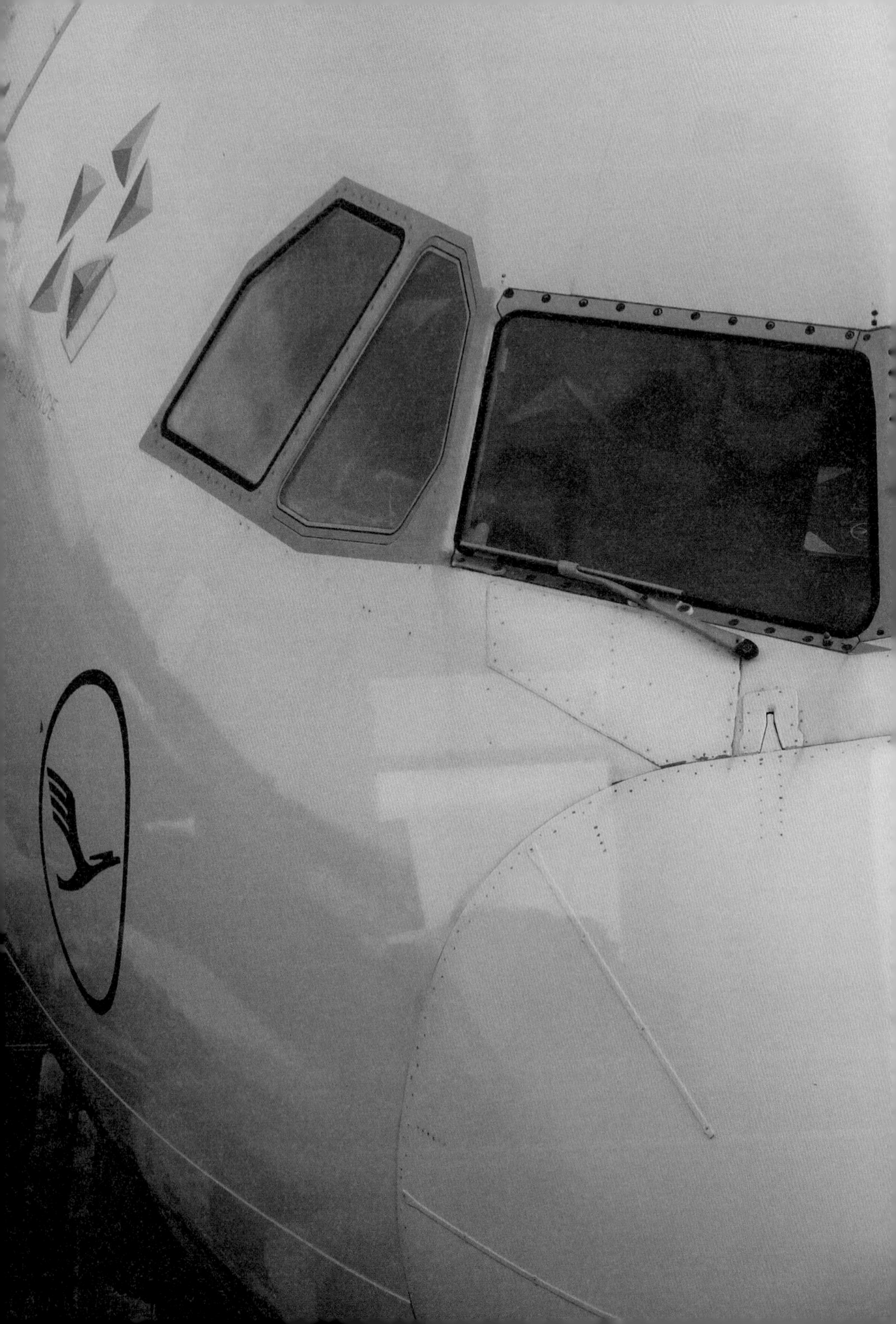

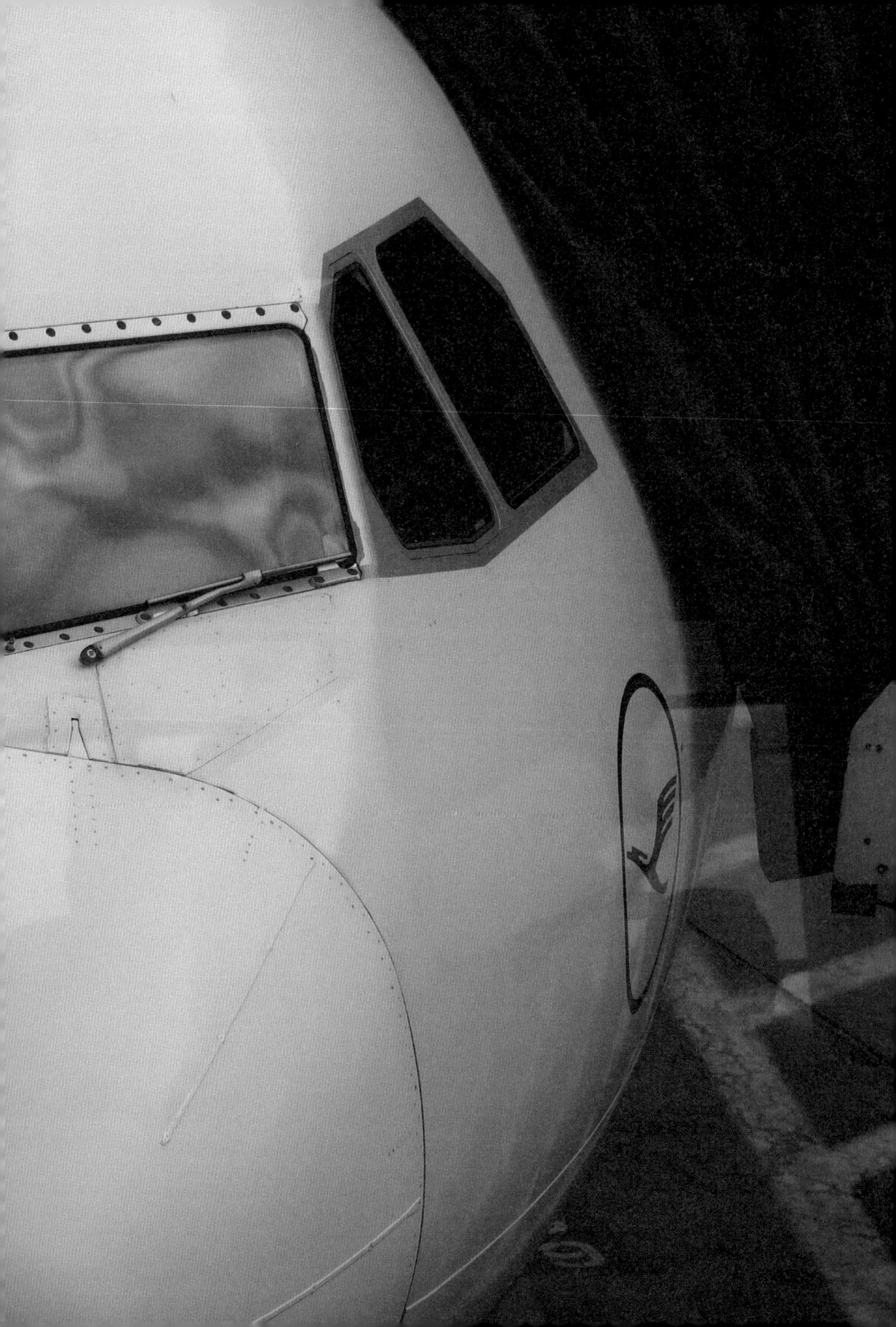

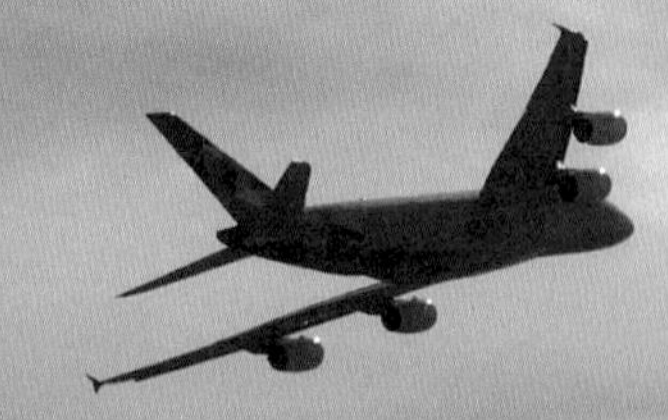

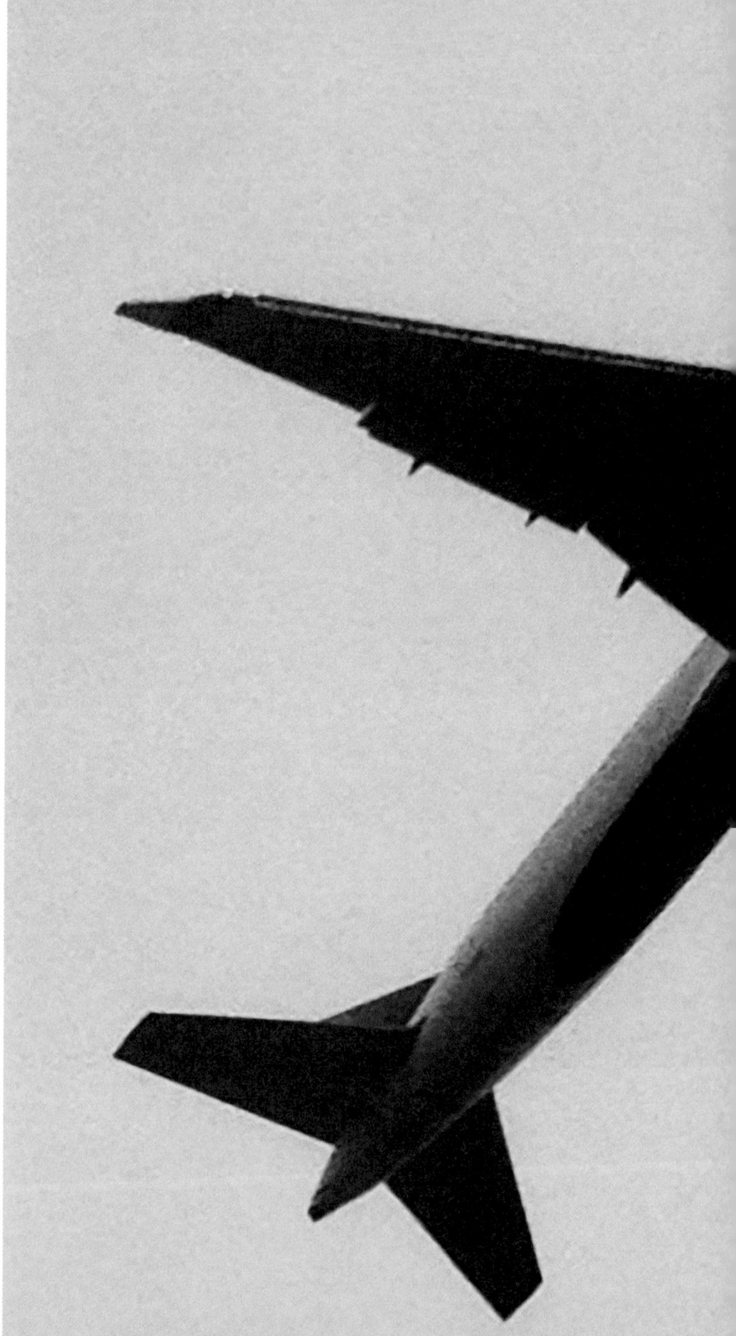

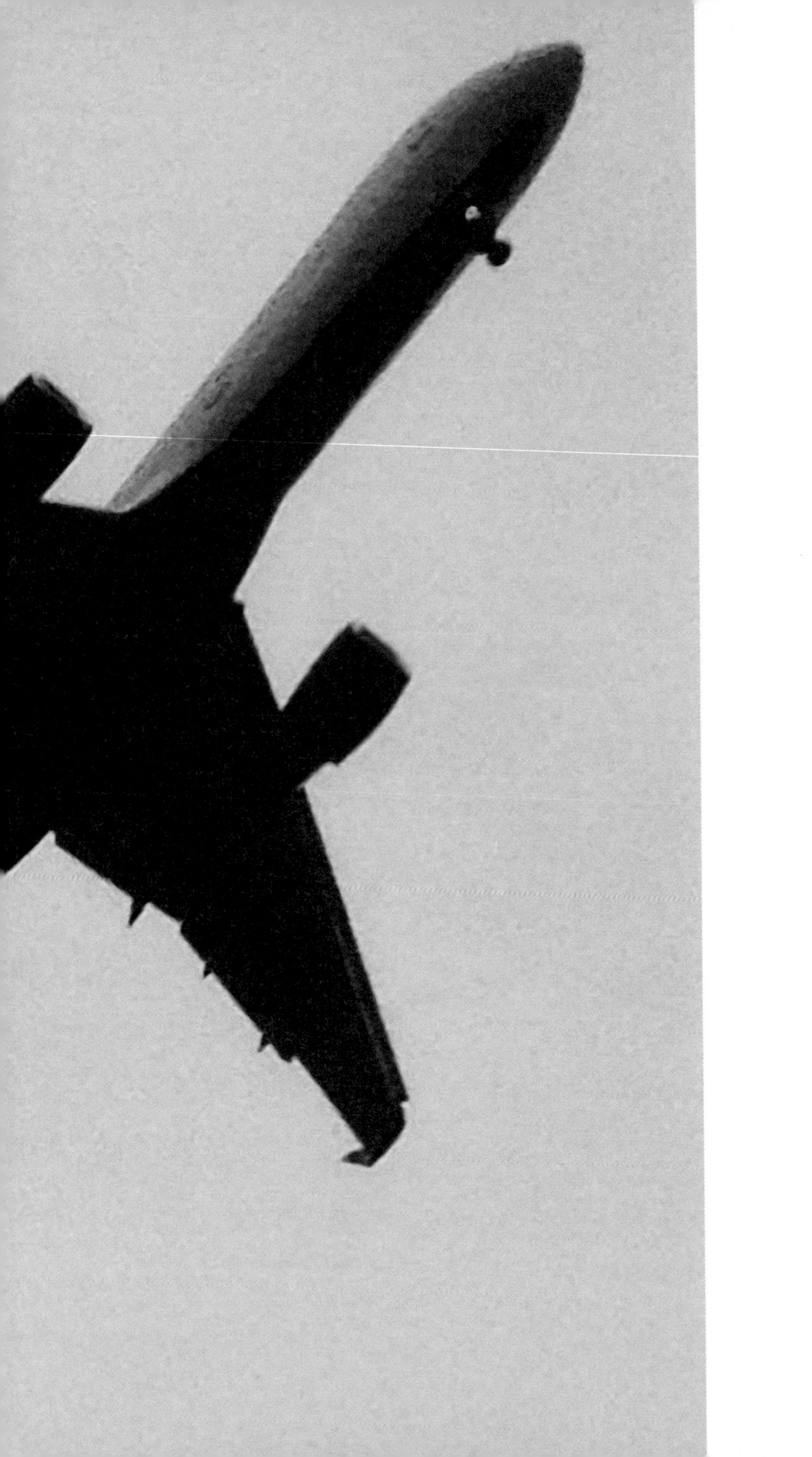

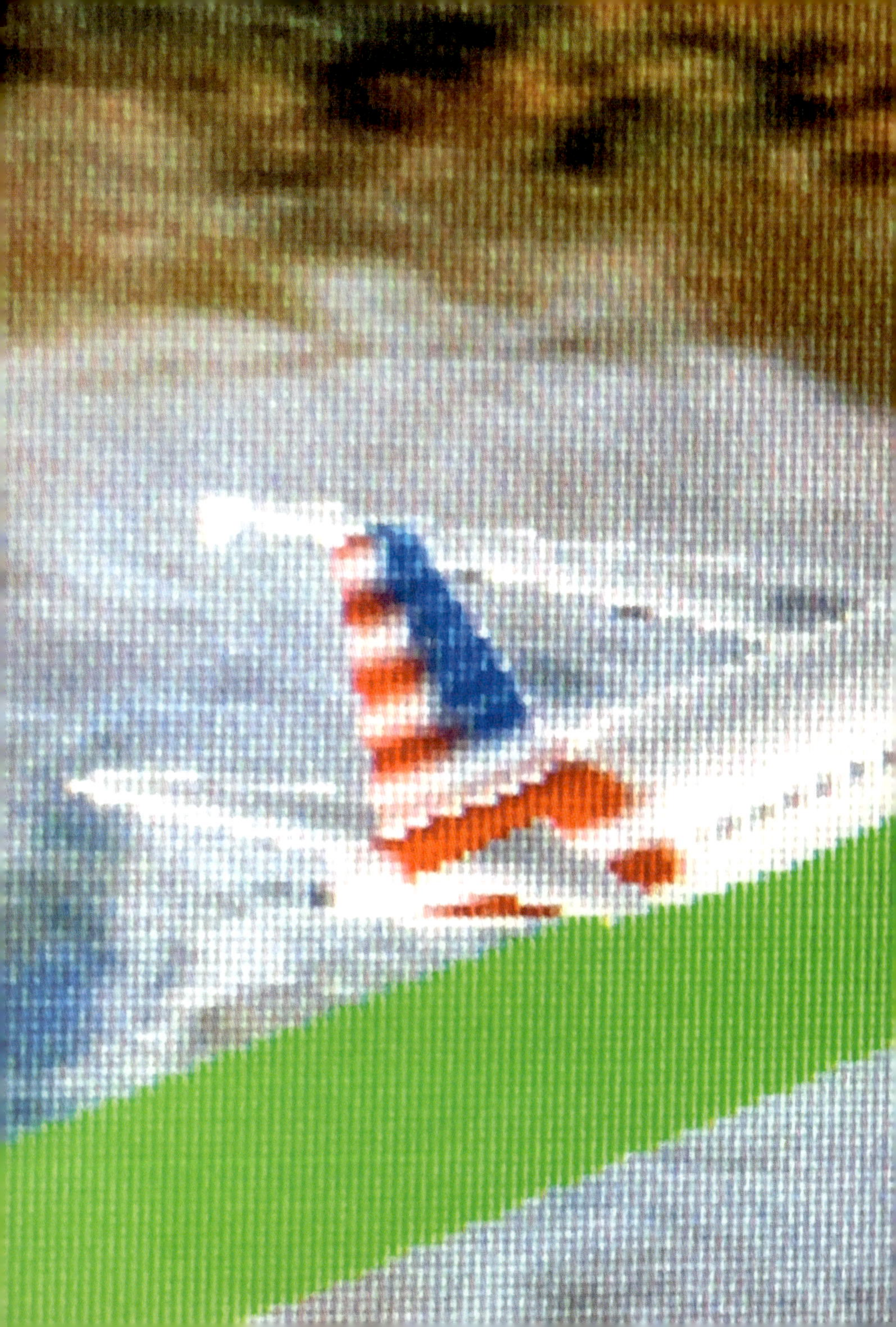

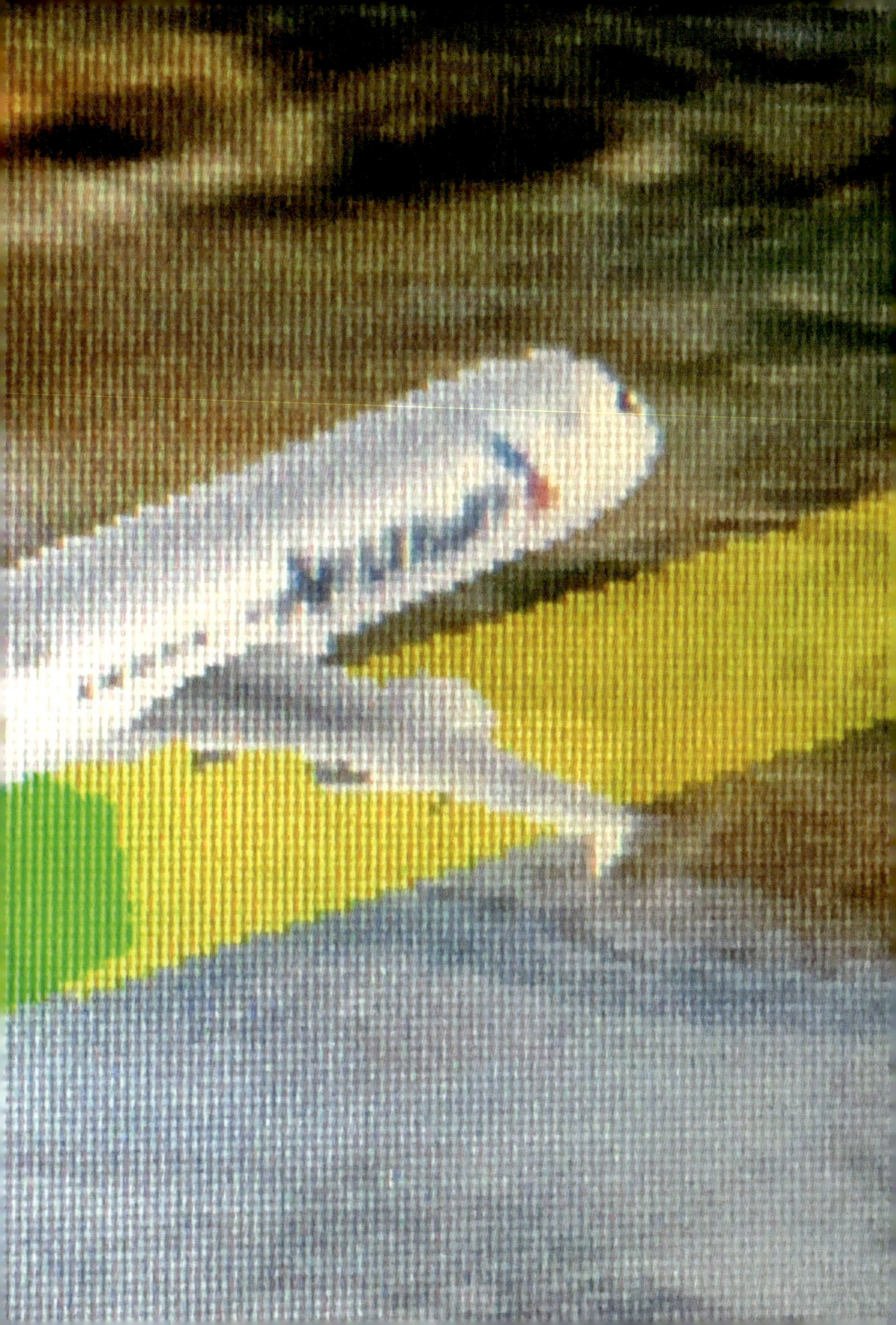

AIR CHINA

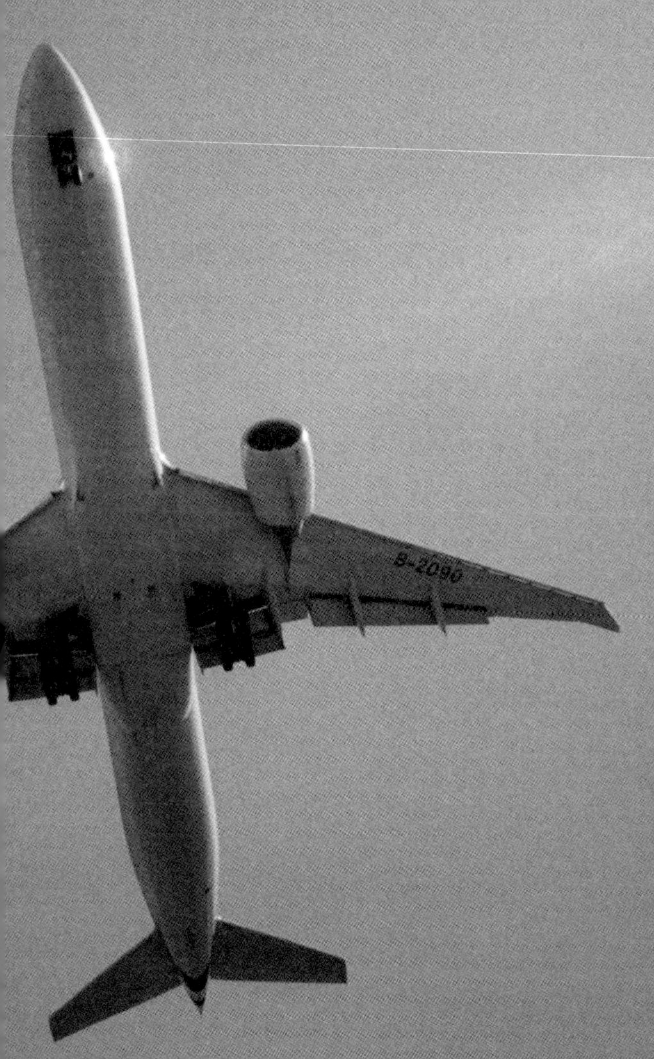

2.28.17

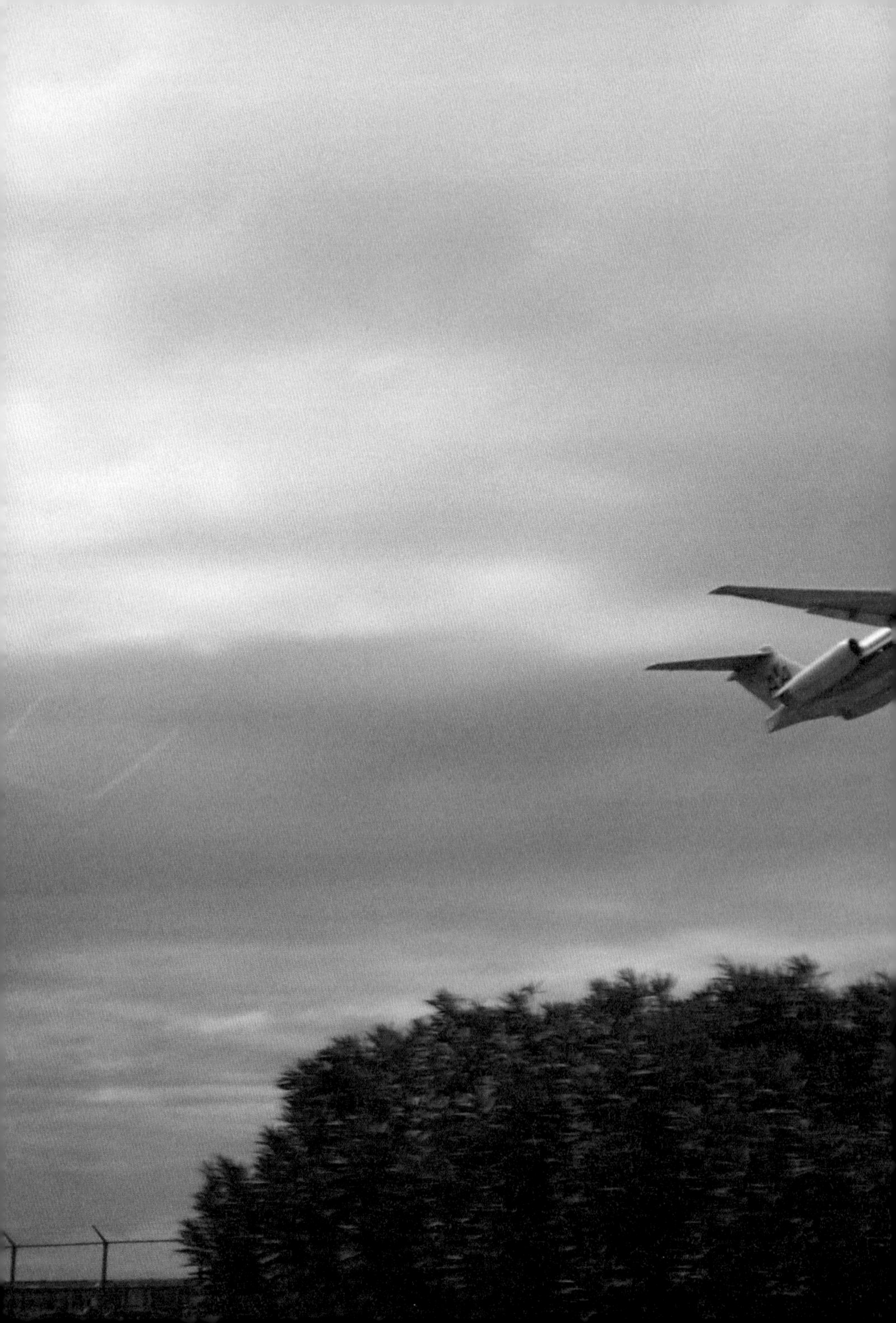

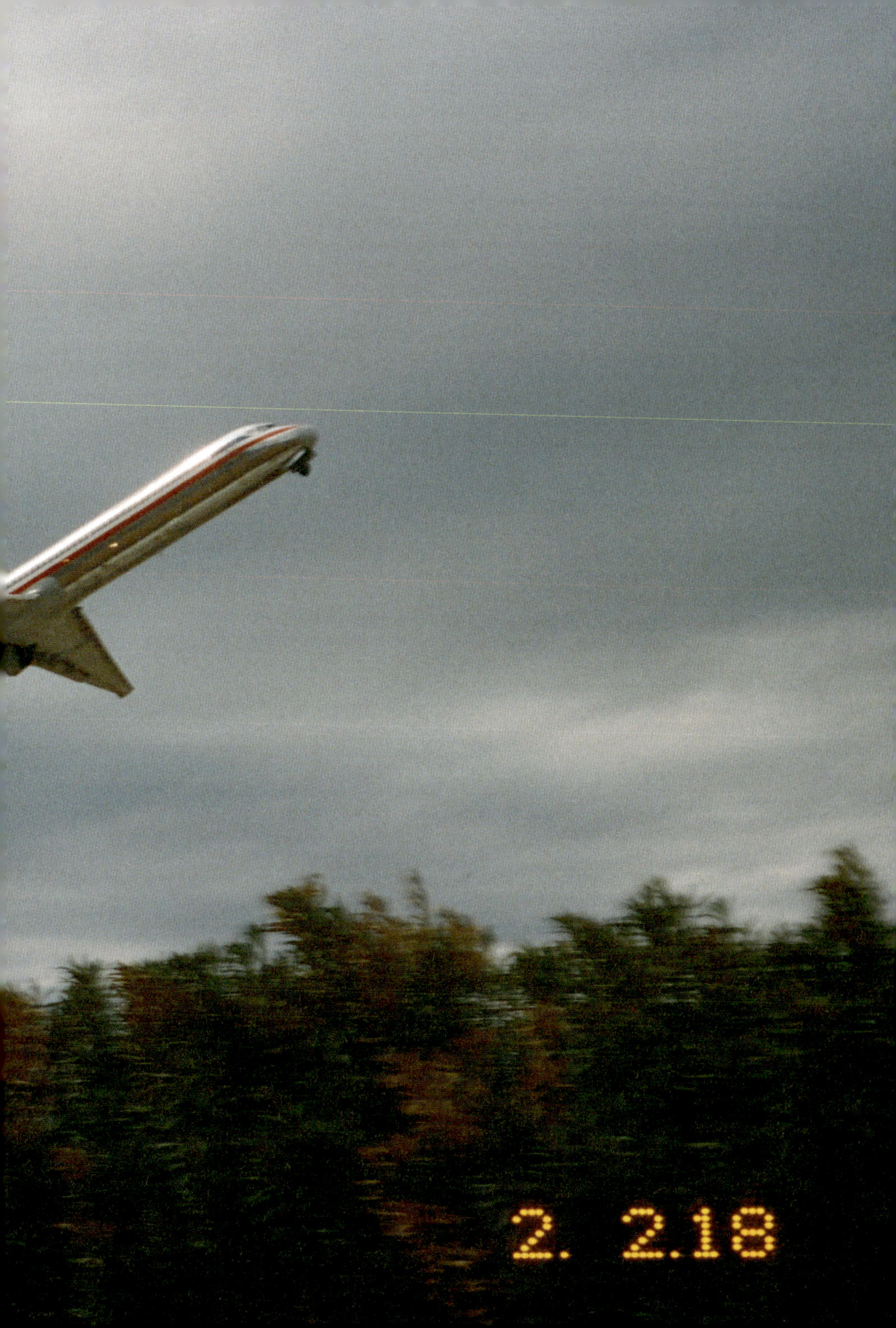
2. 2.18

2.28.17

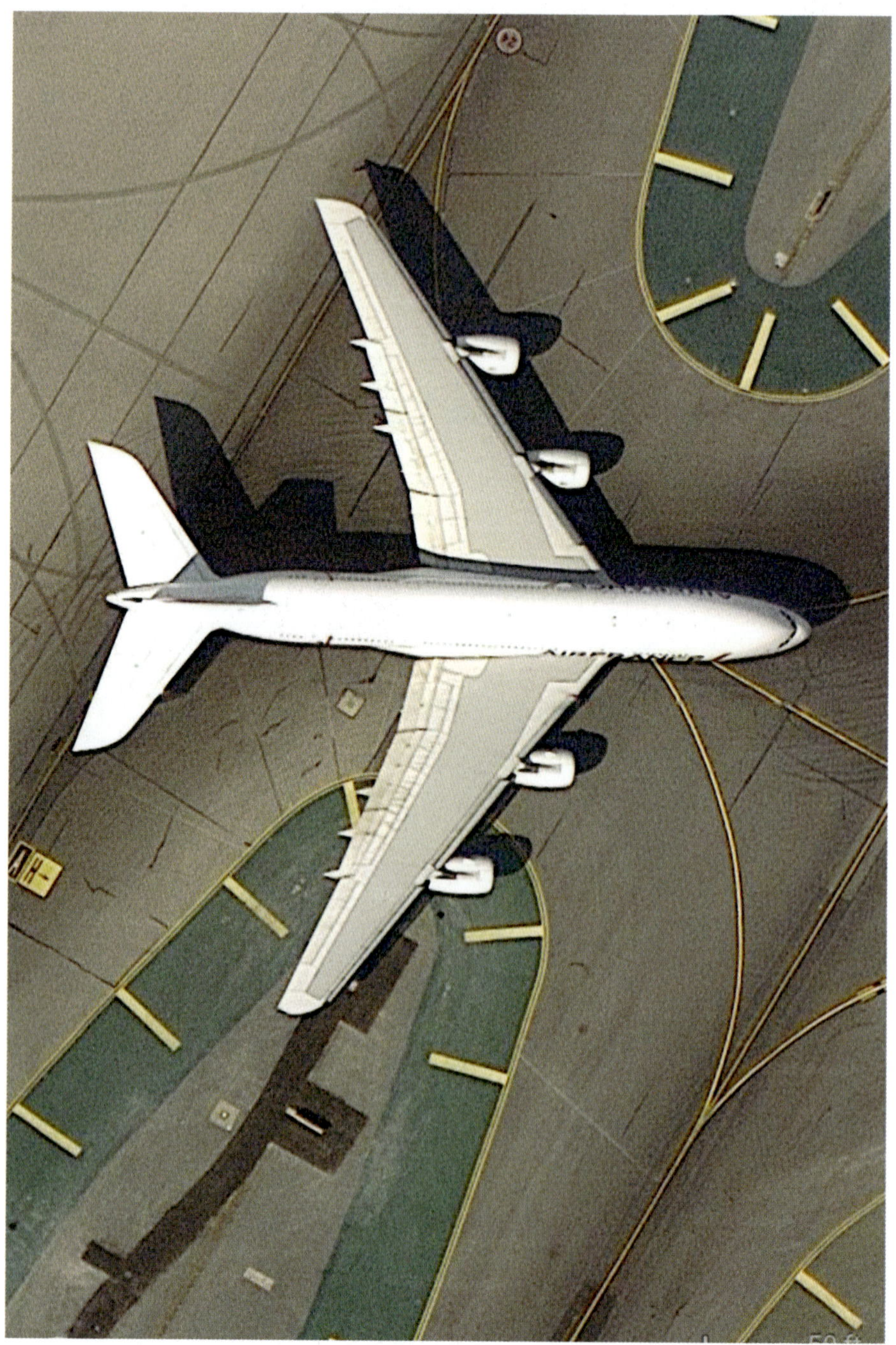

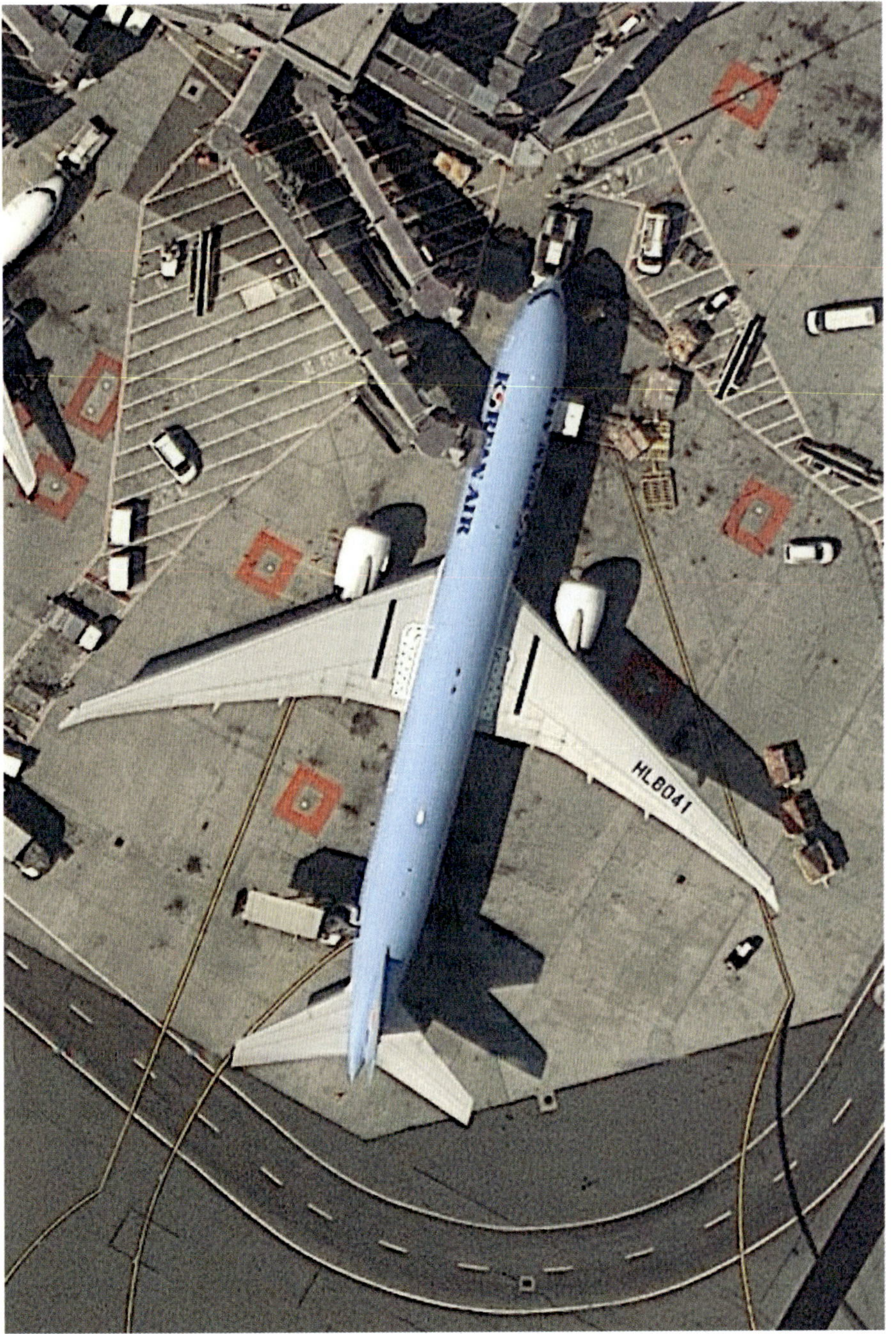
KOREAN AIR
HL8041

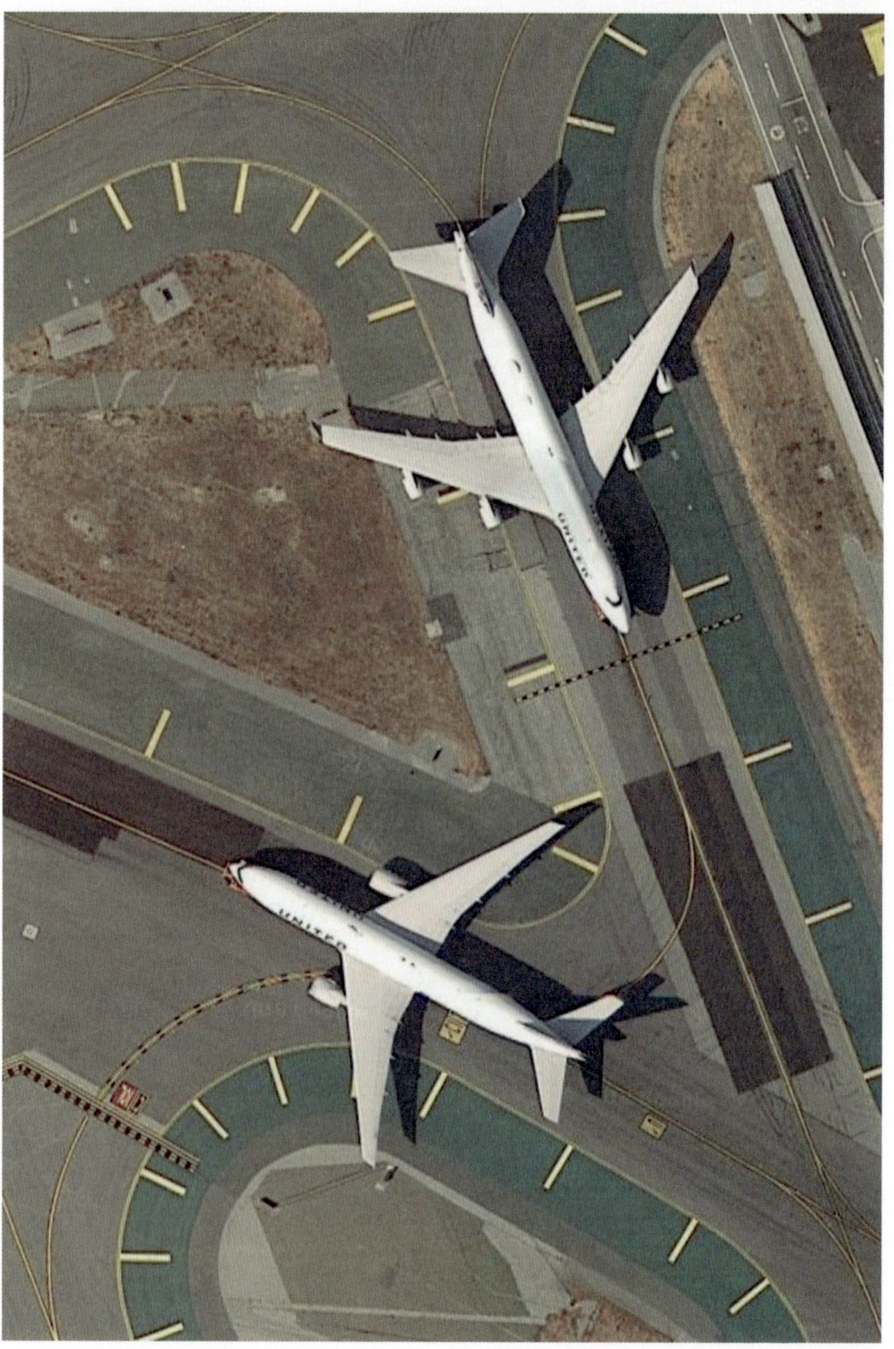
UNITED
UNITED

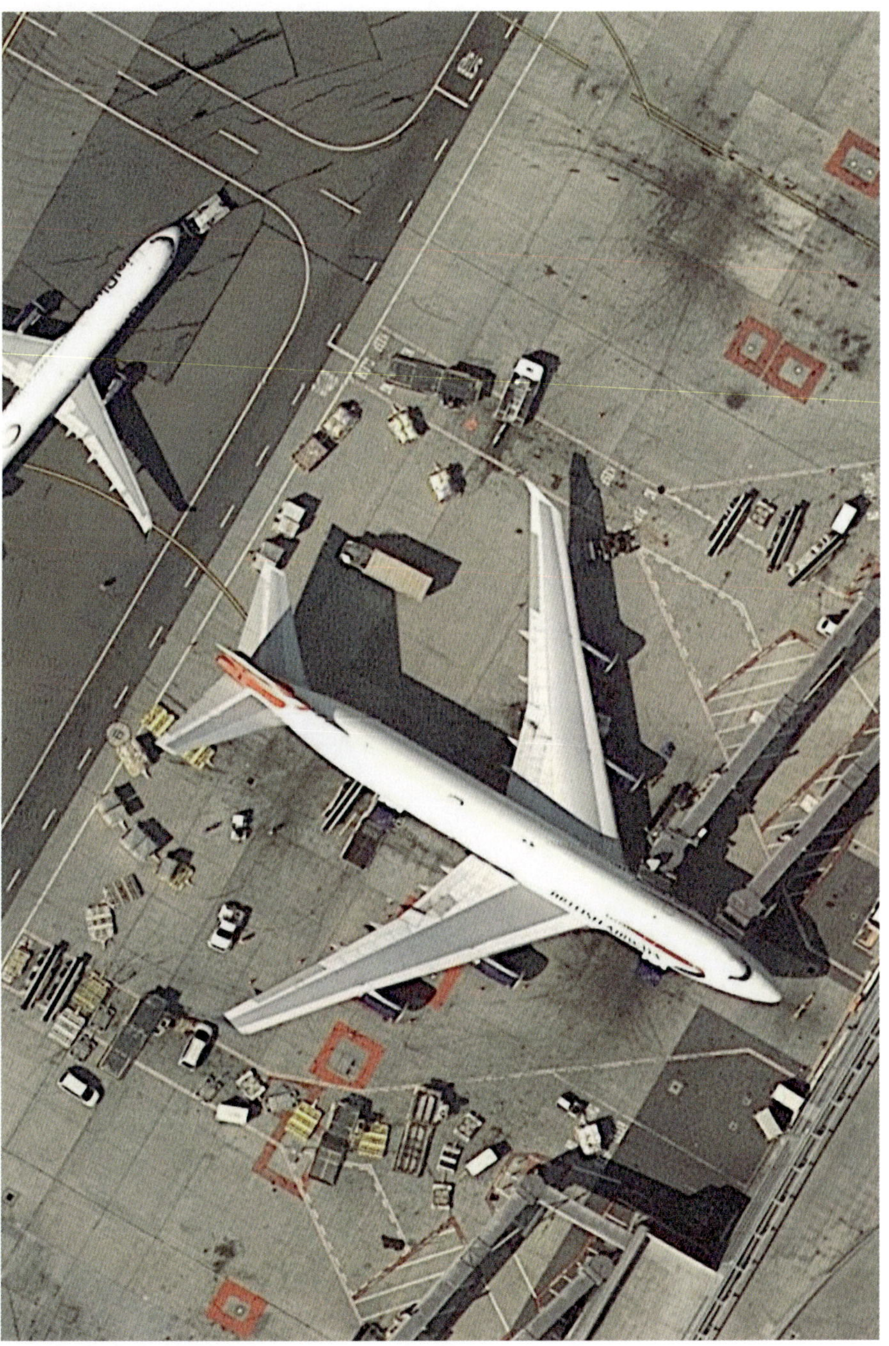

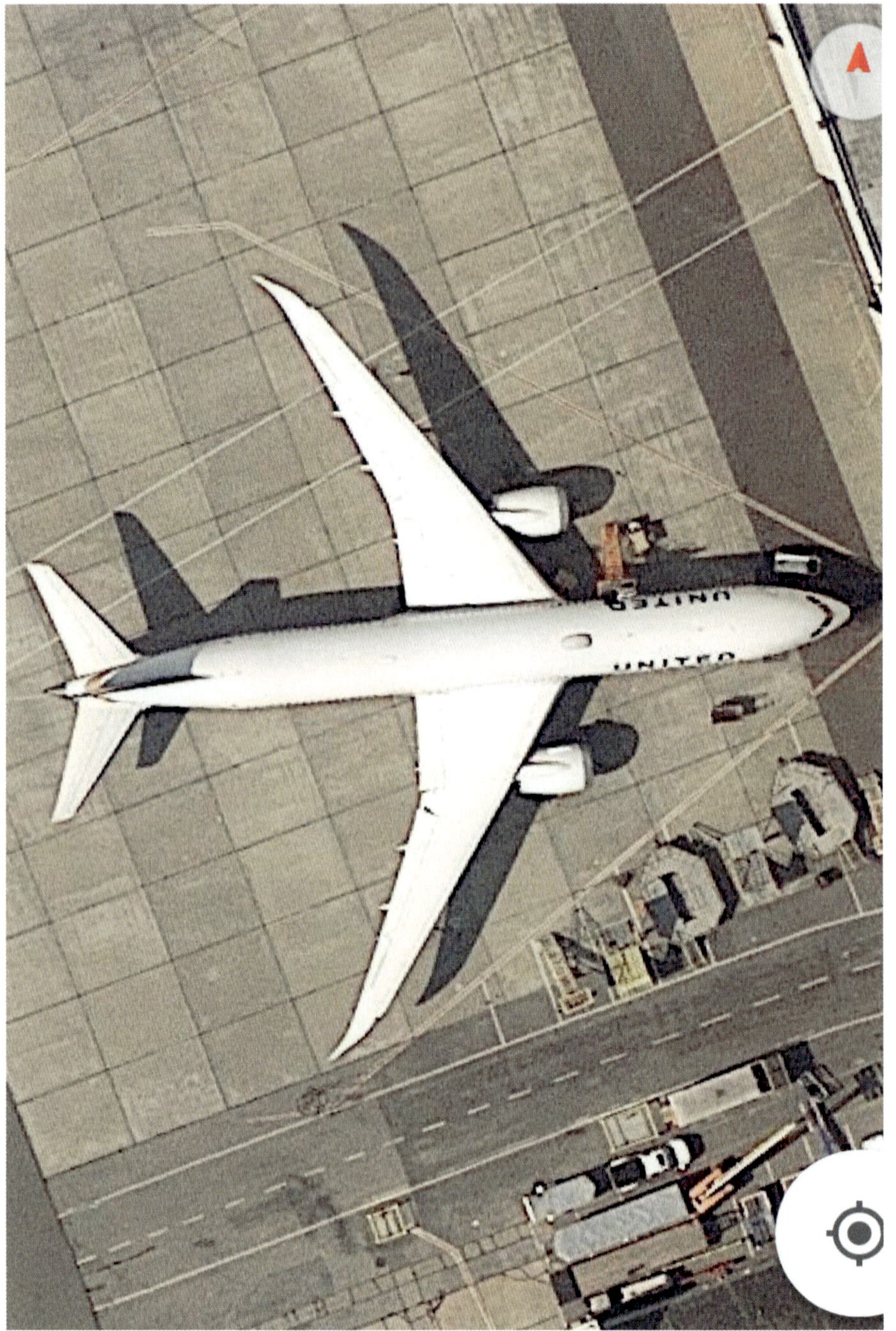
UNITED
UNITED

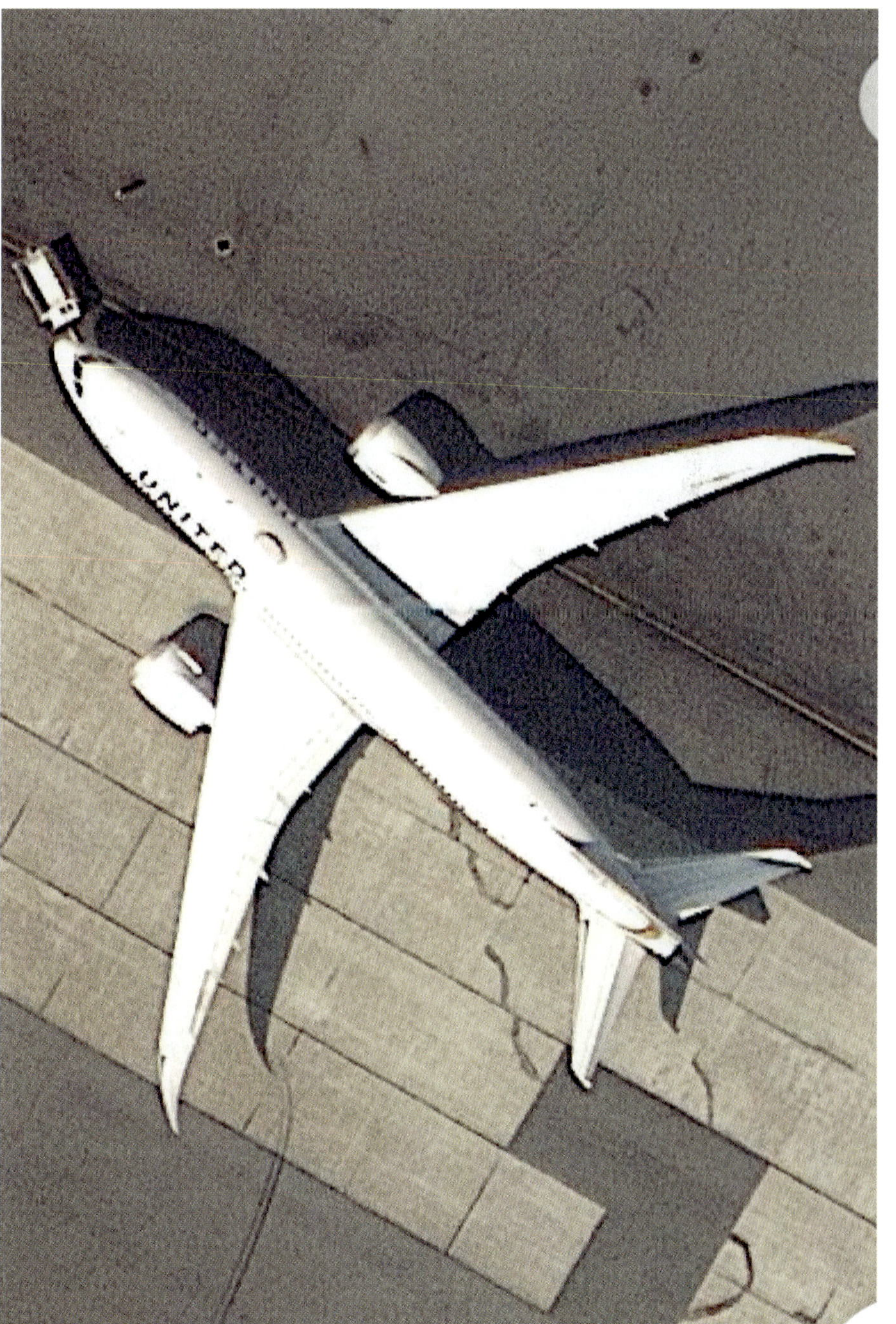

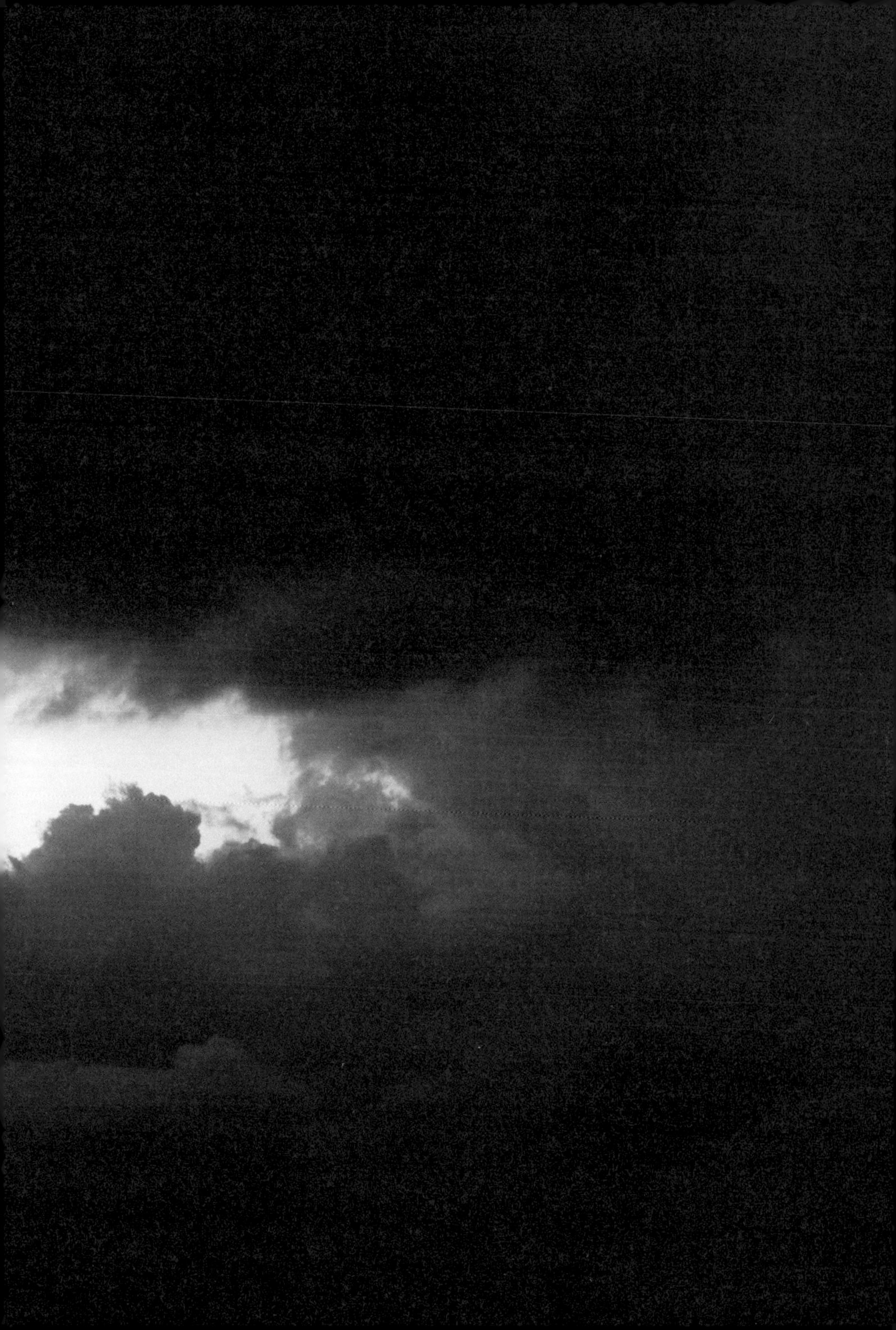

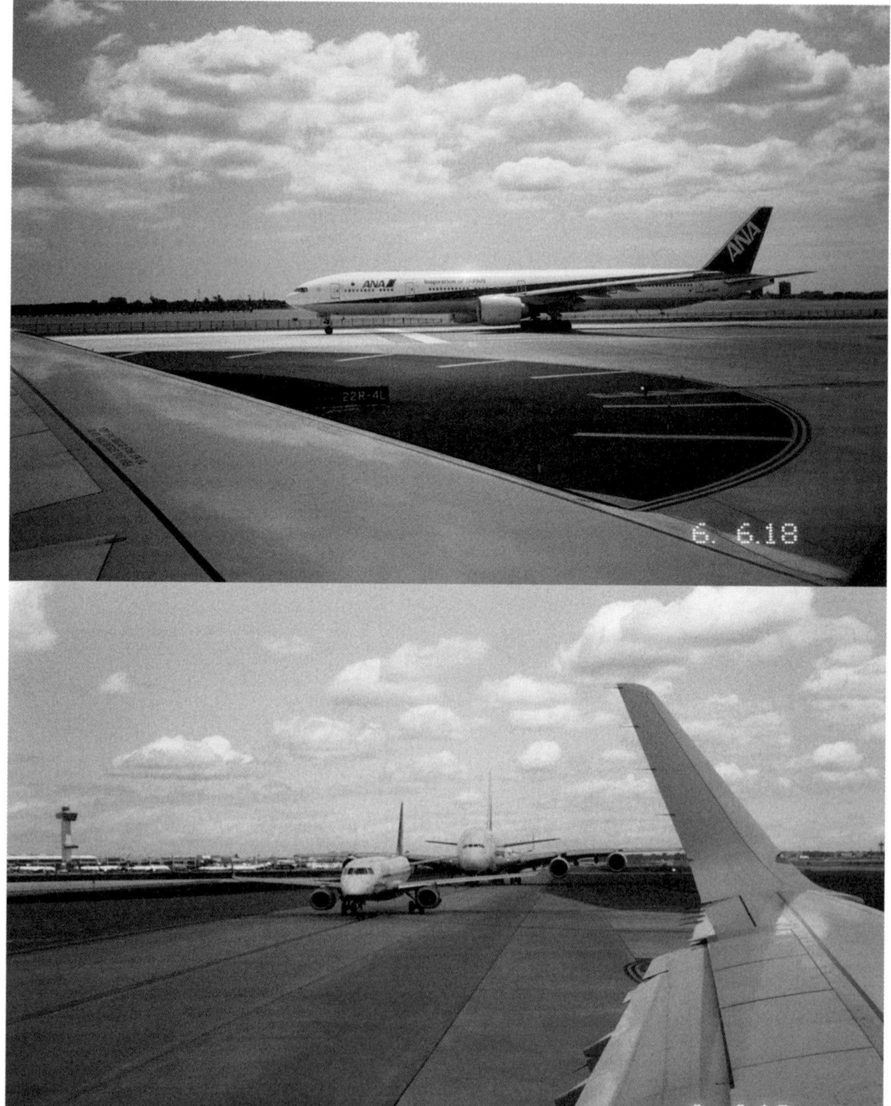
ANA
22R-4L
6. 6.18
6. 6.18

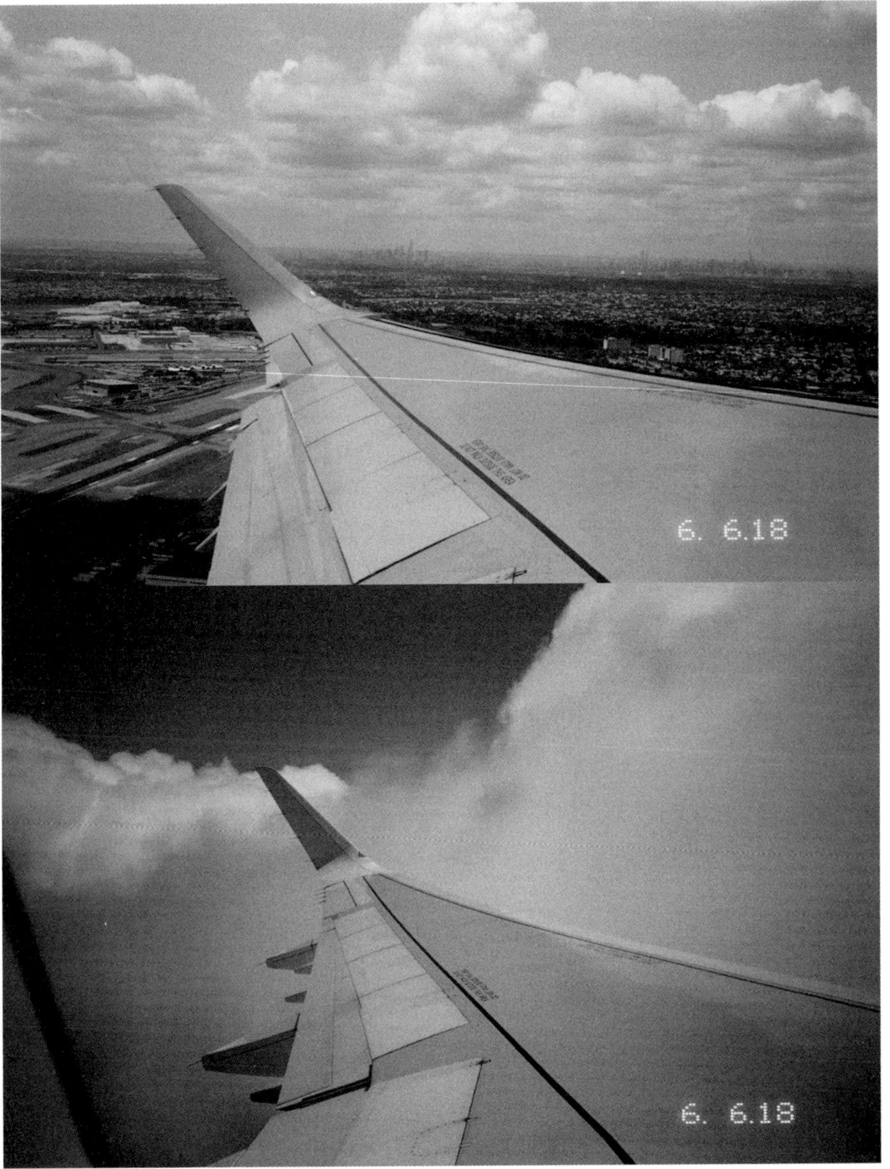
6. 6.18
6. 6.18

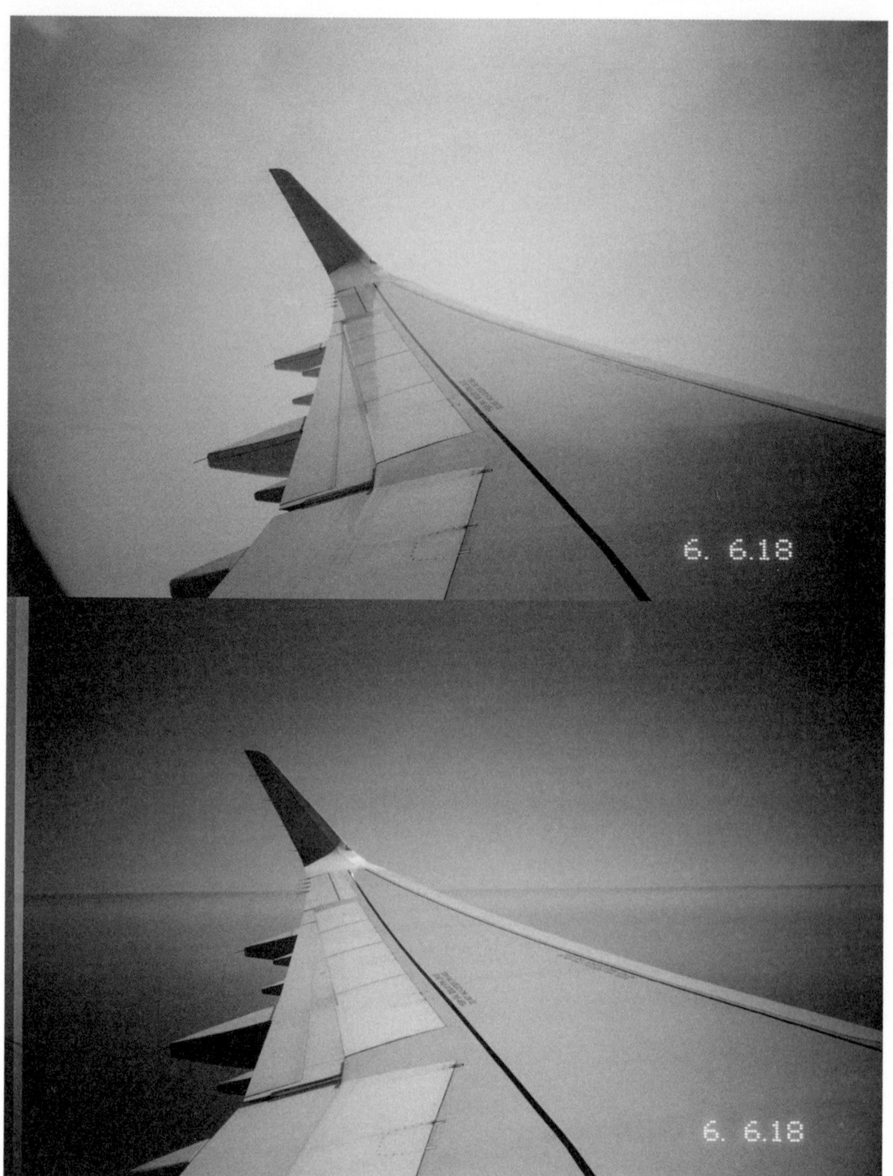
6. 6.18
6. 6.18

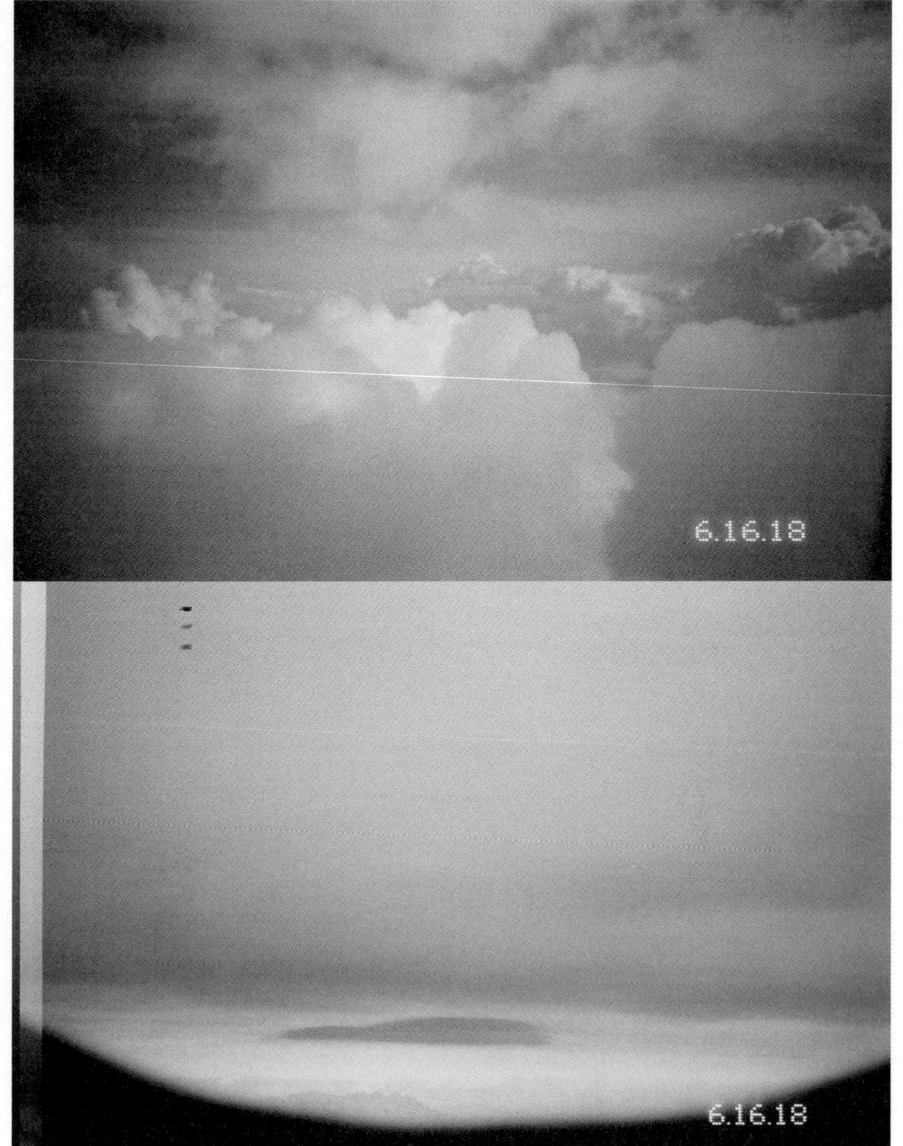
6.16.18
6.16.18

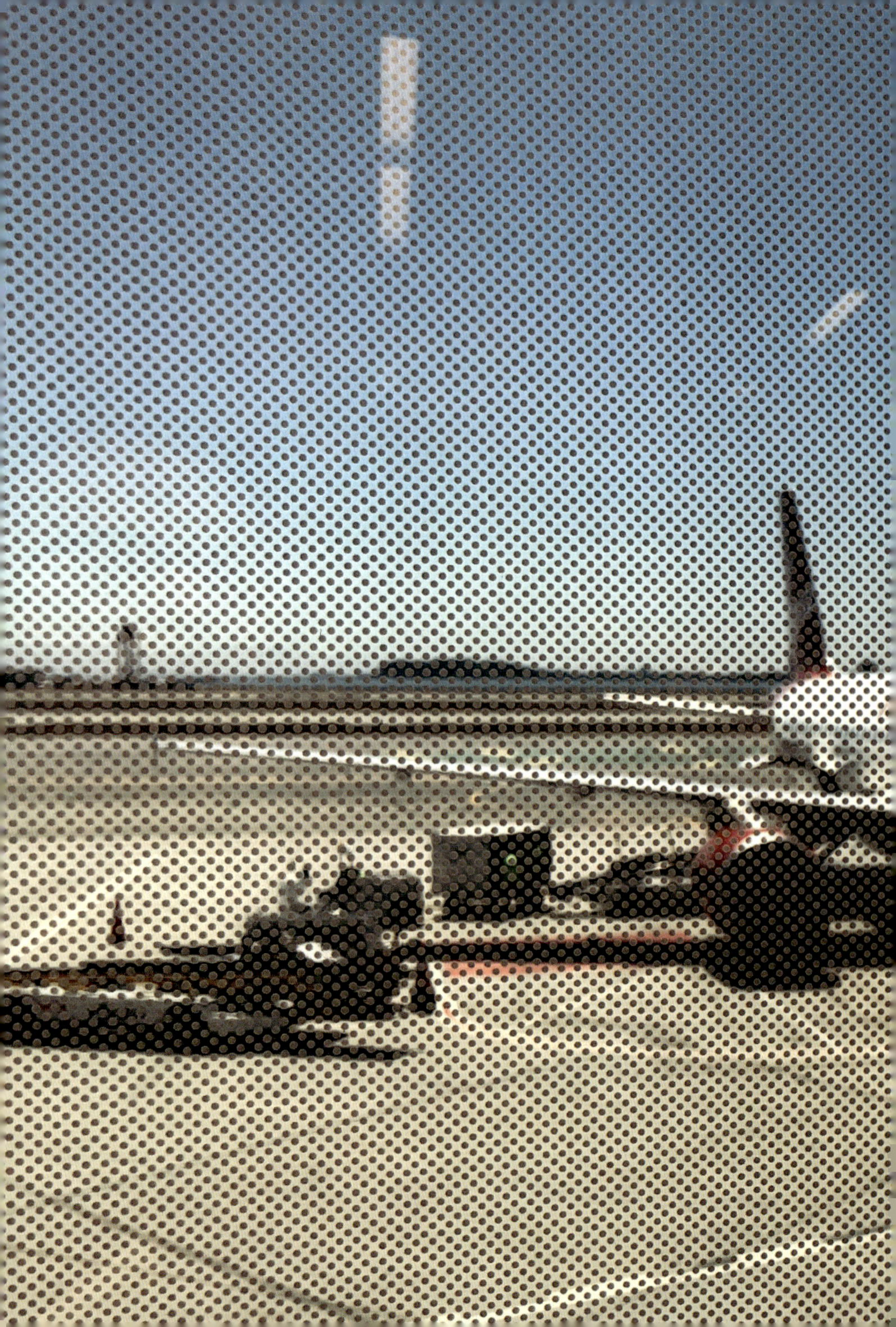

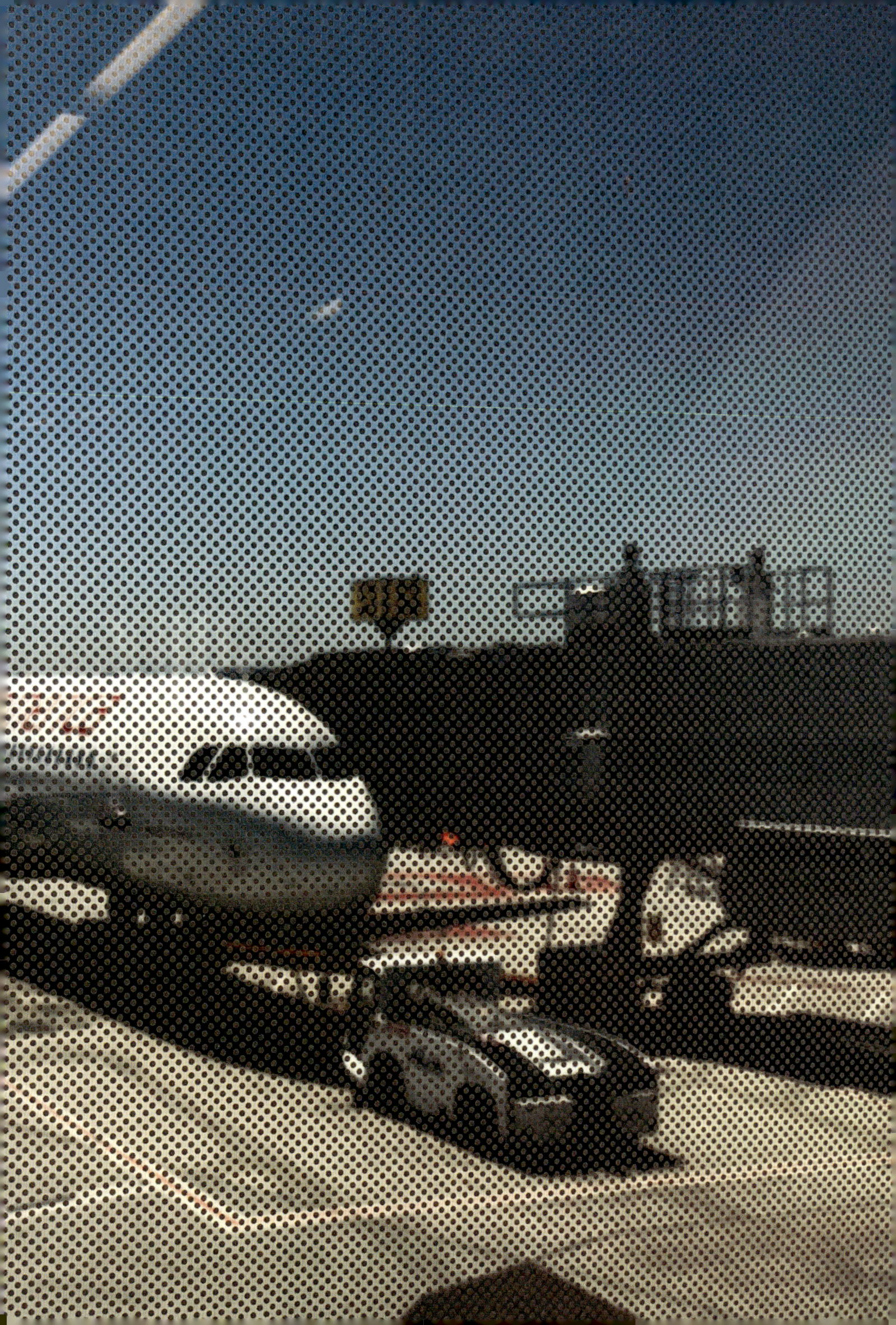

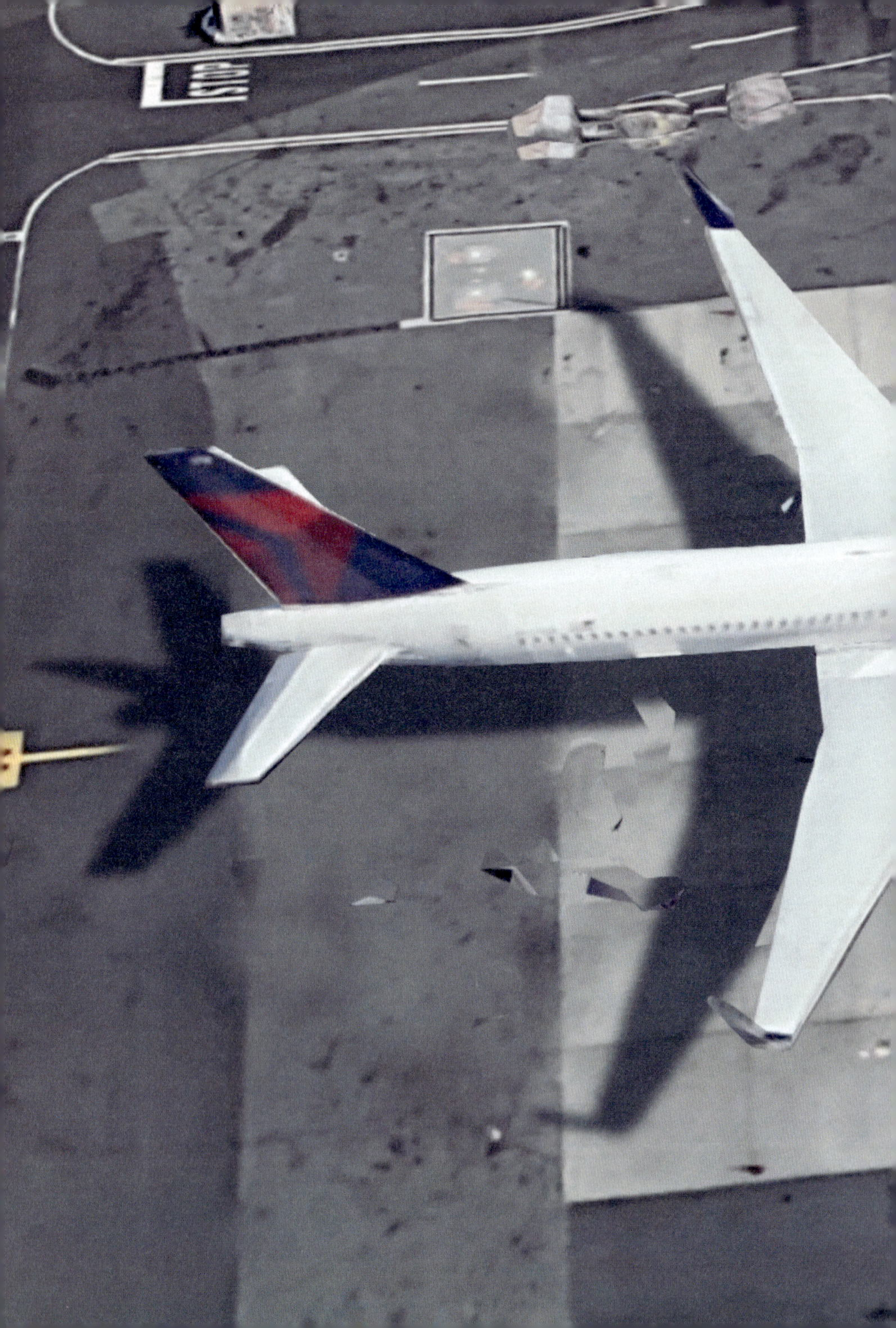
STOP

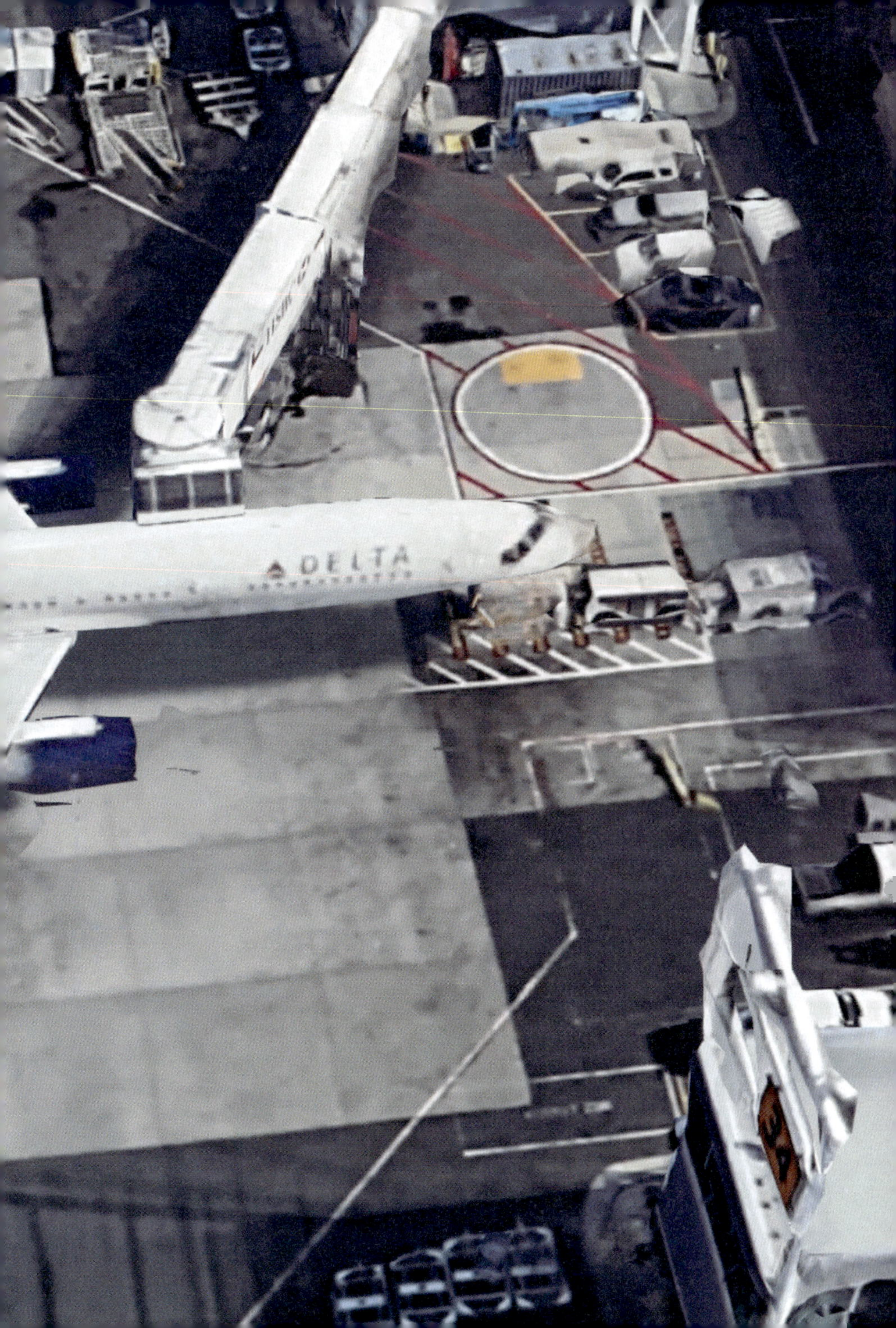
DELTA

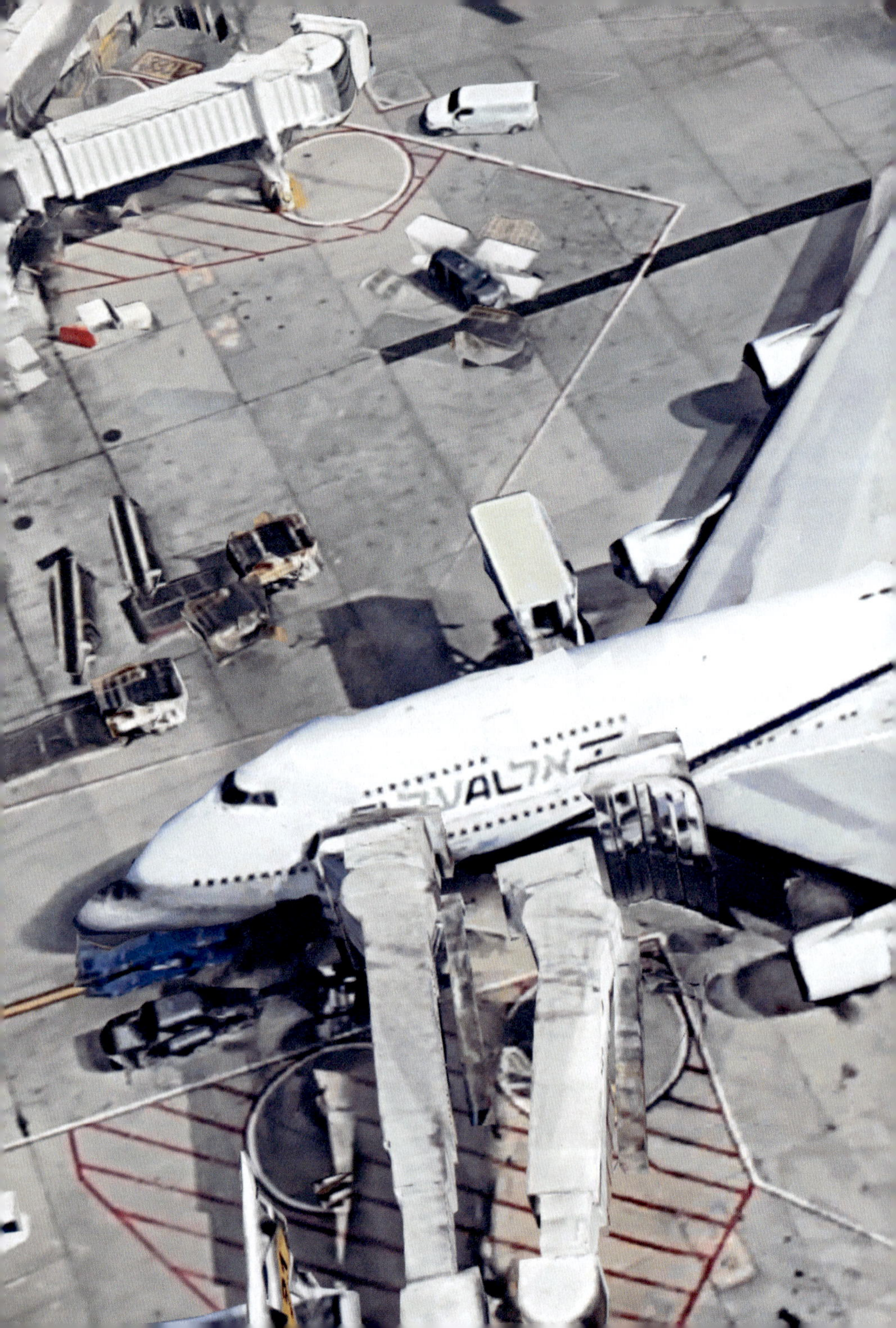

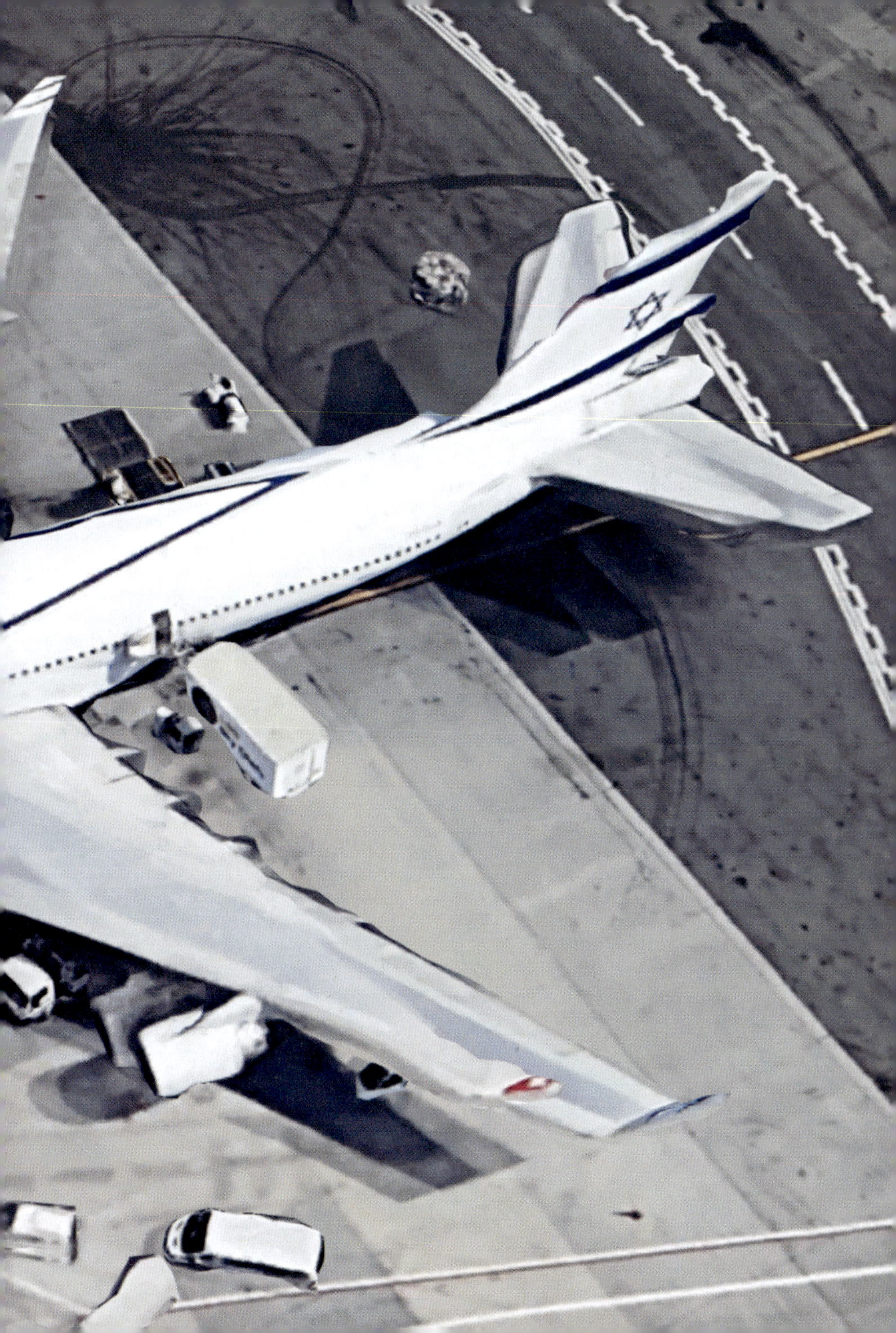

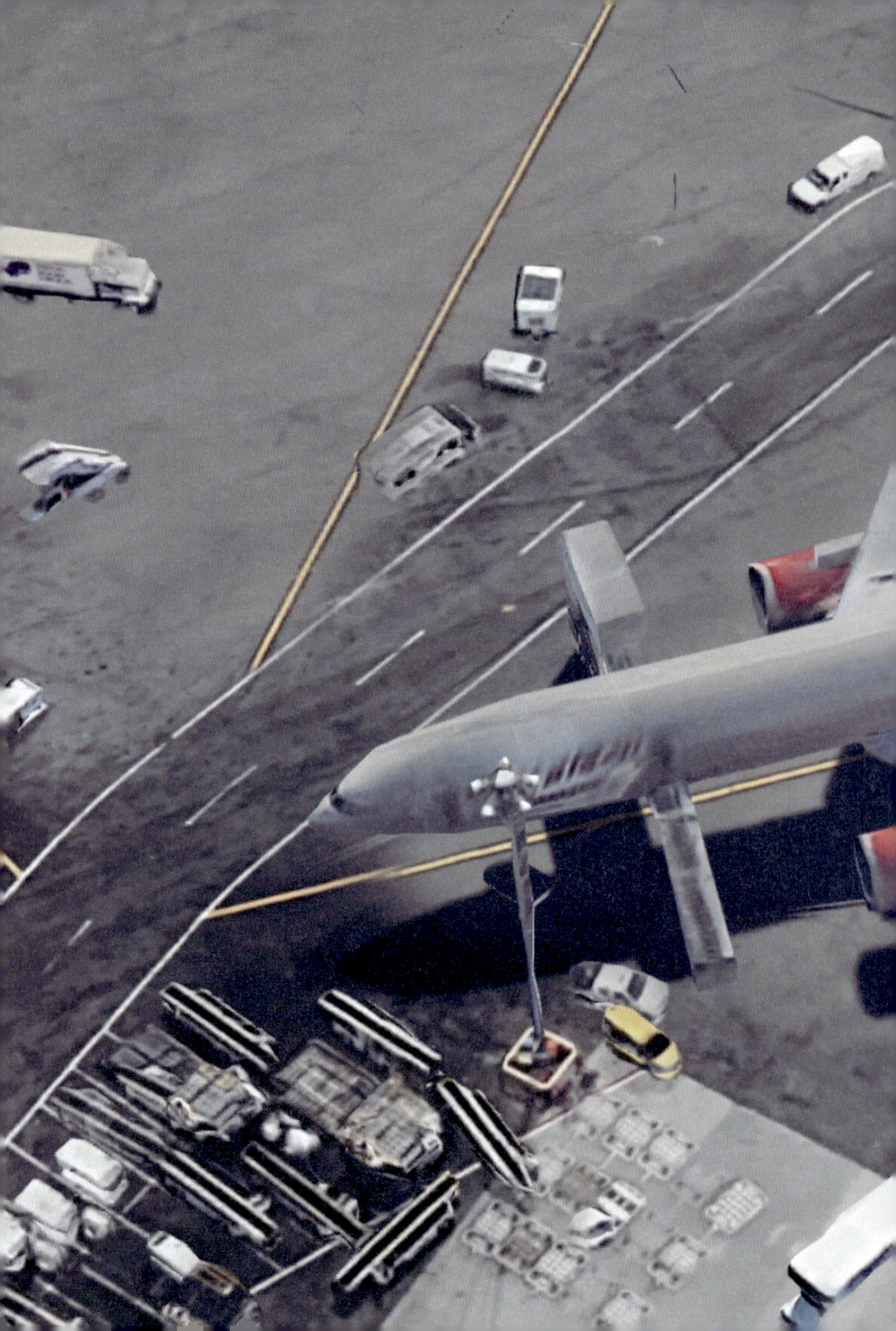

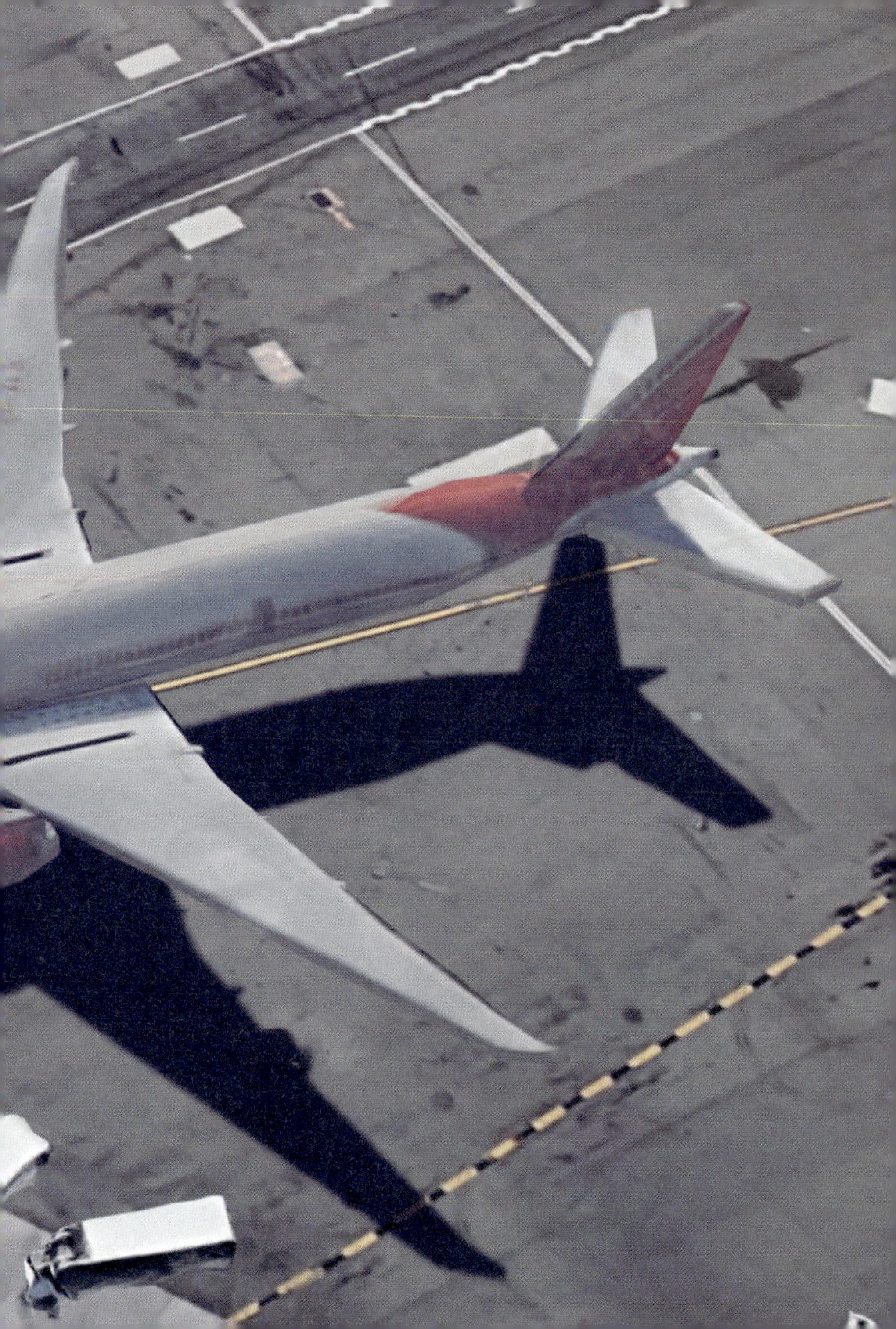

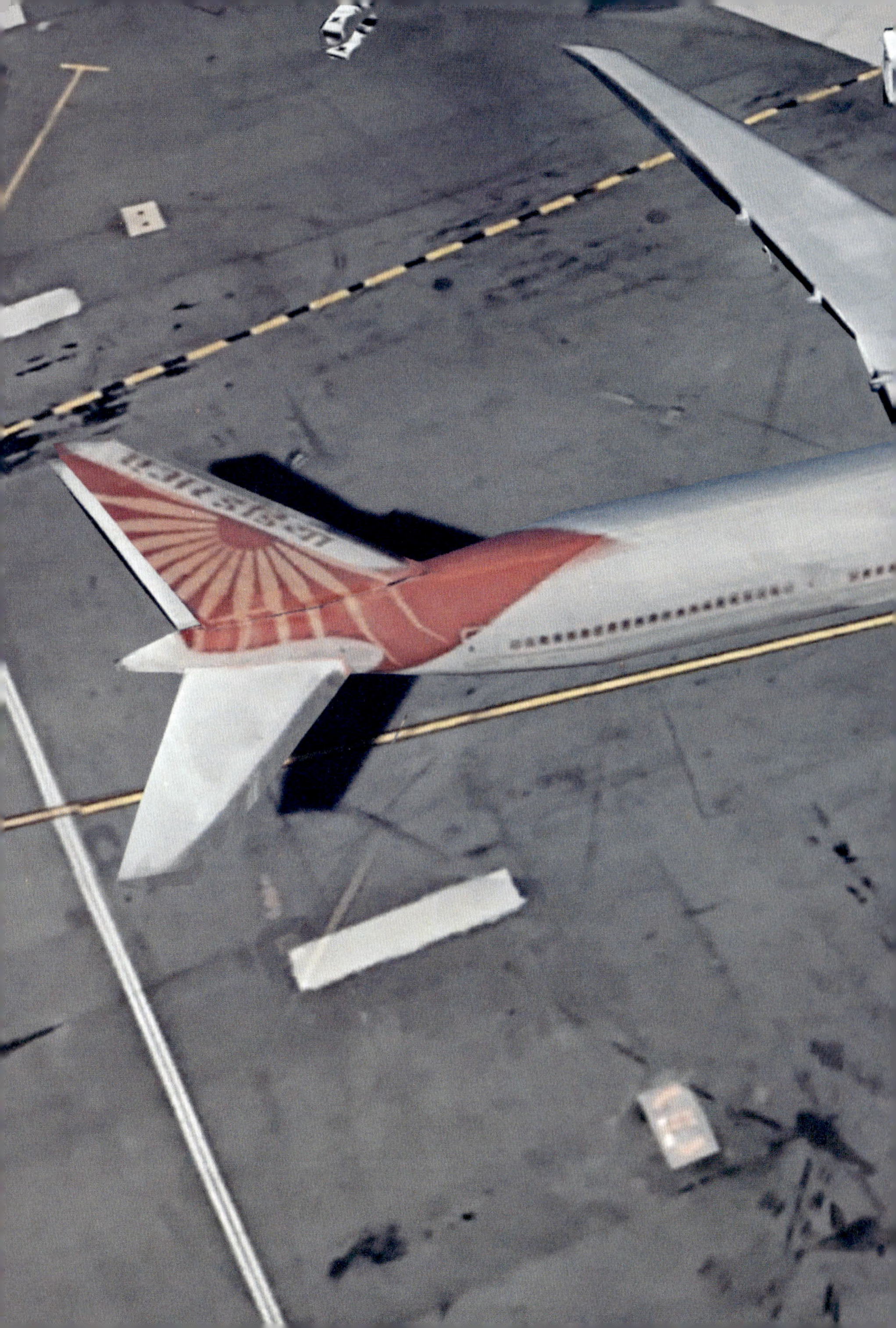

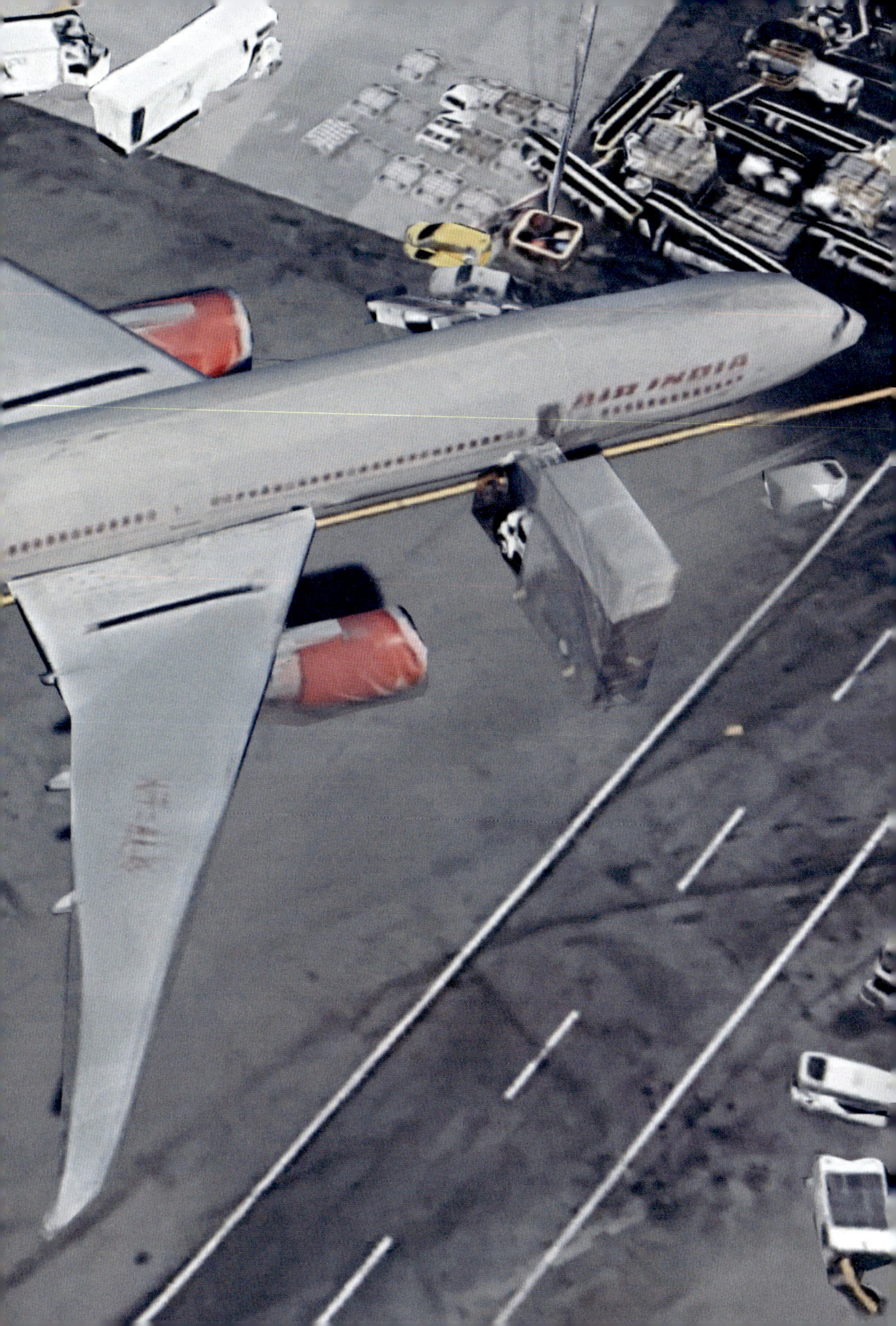
AIR INDIA

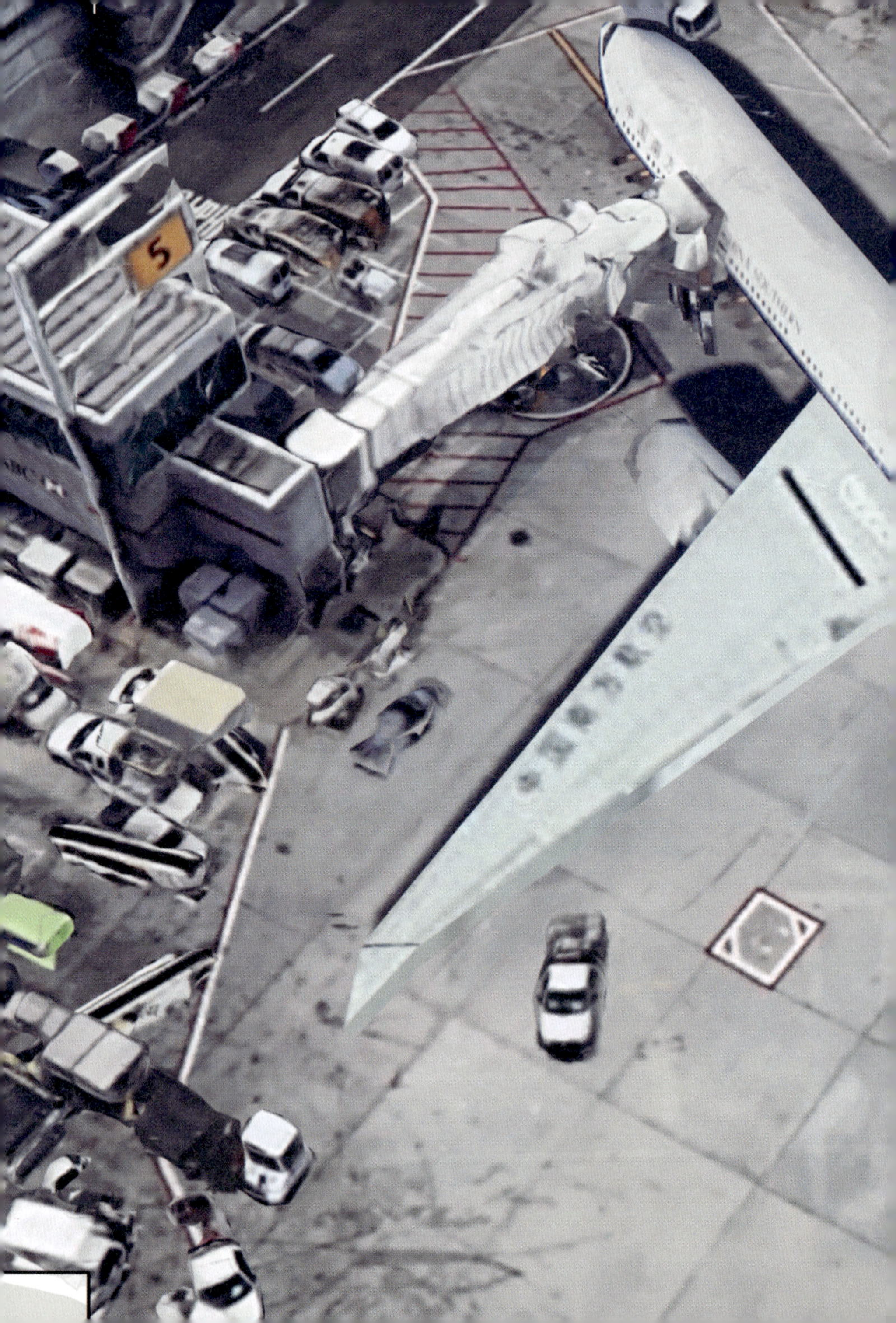

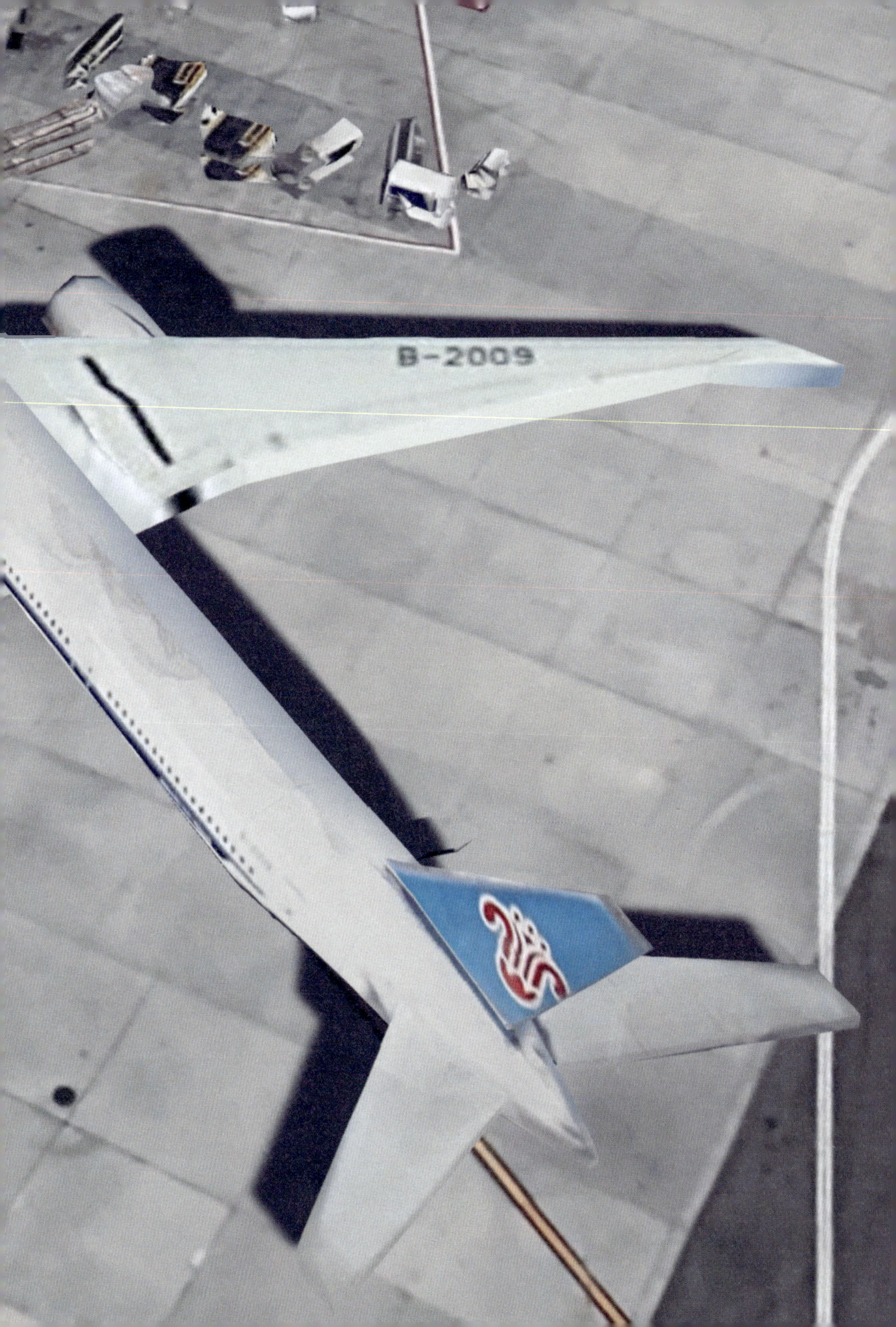
B-2009

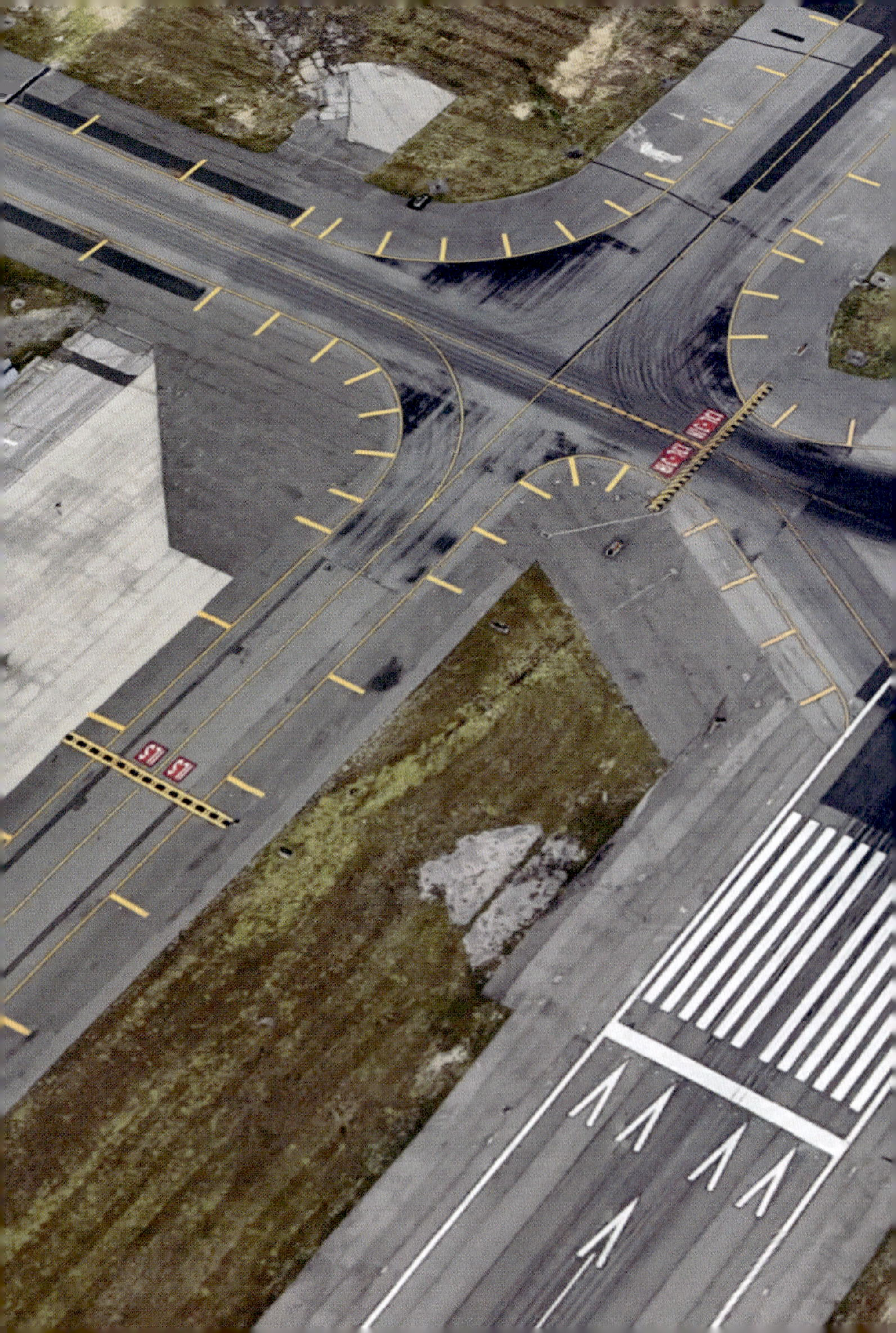

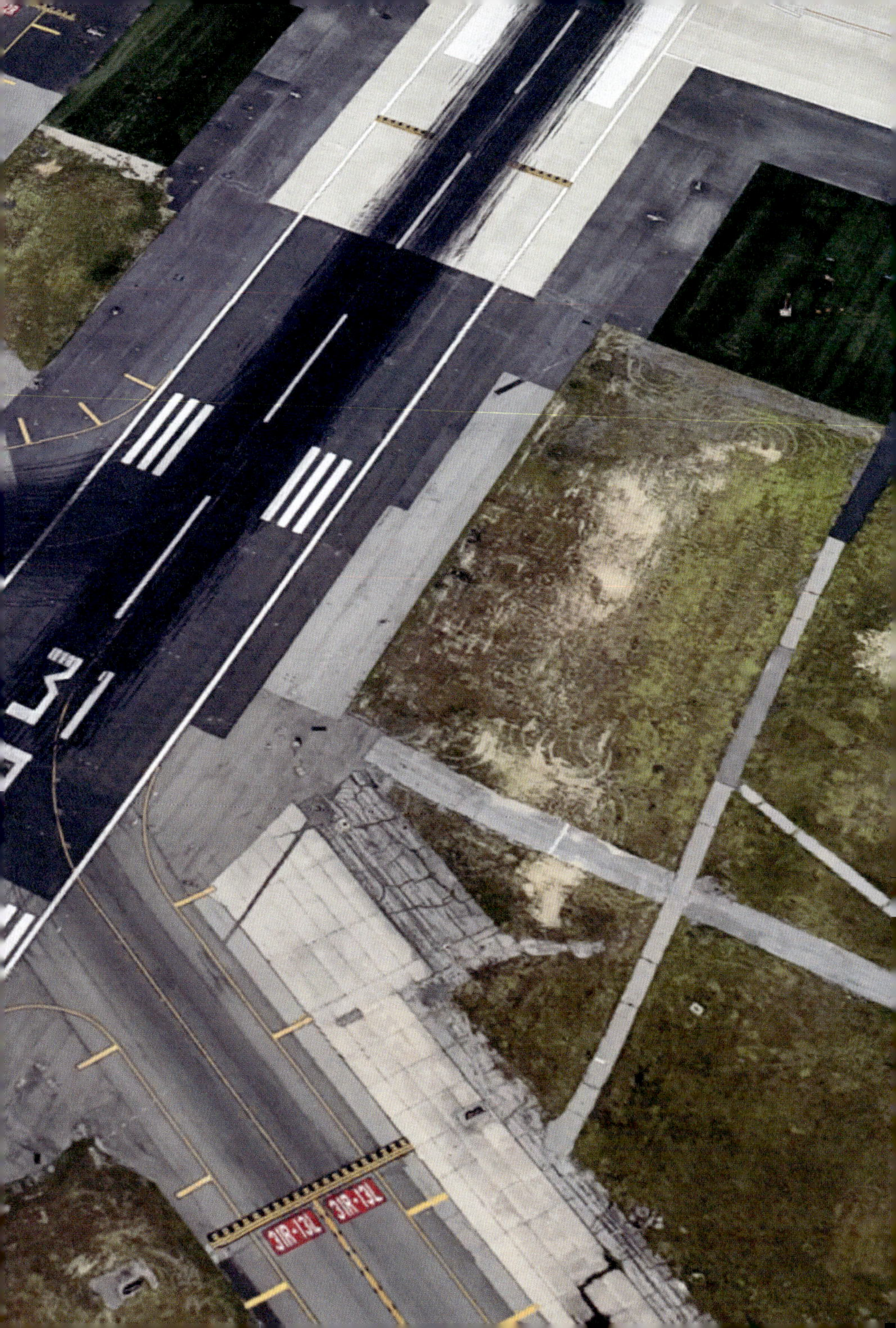
31R-13L
31R-13L

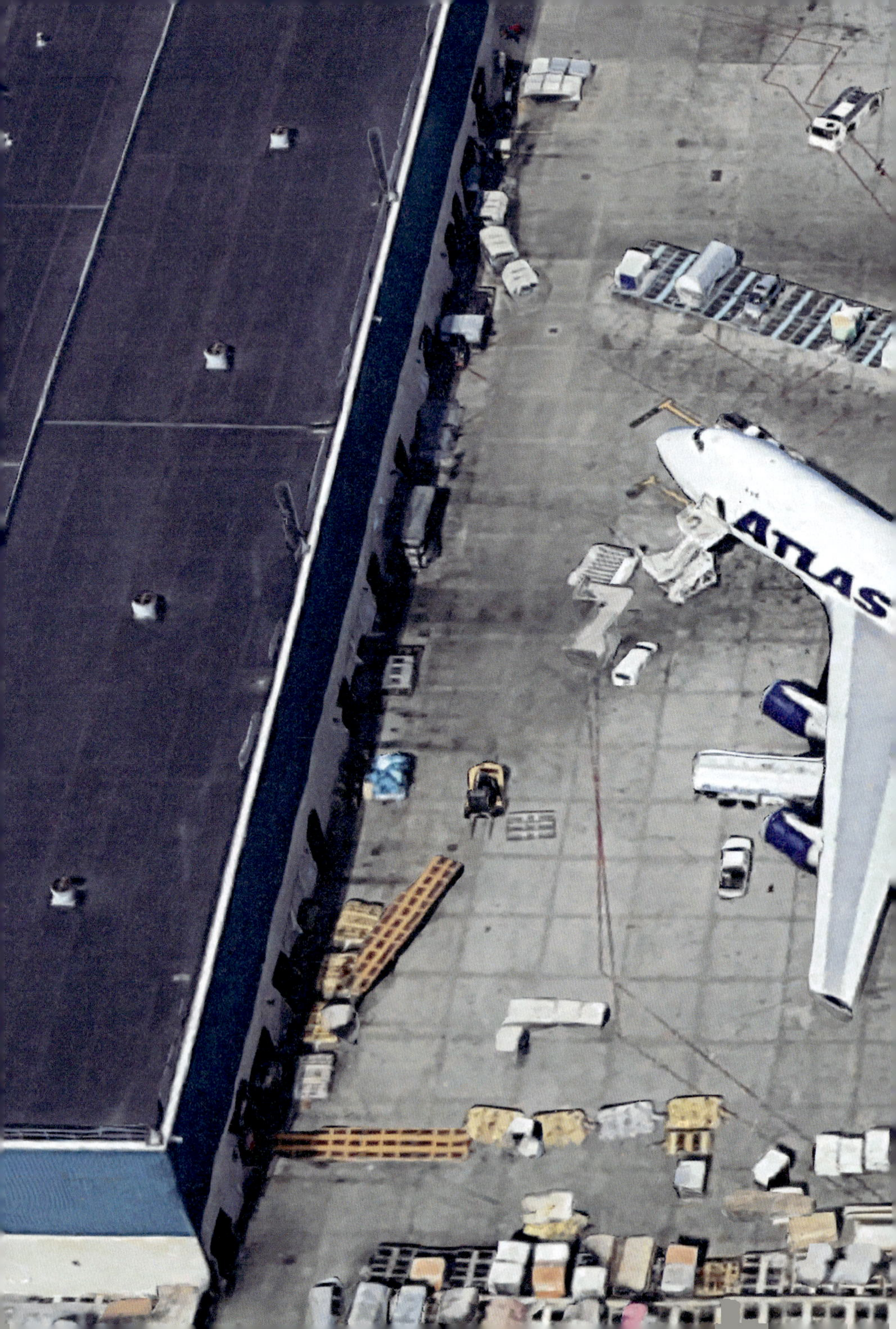
ATLAS

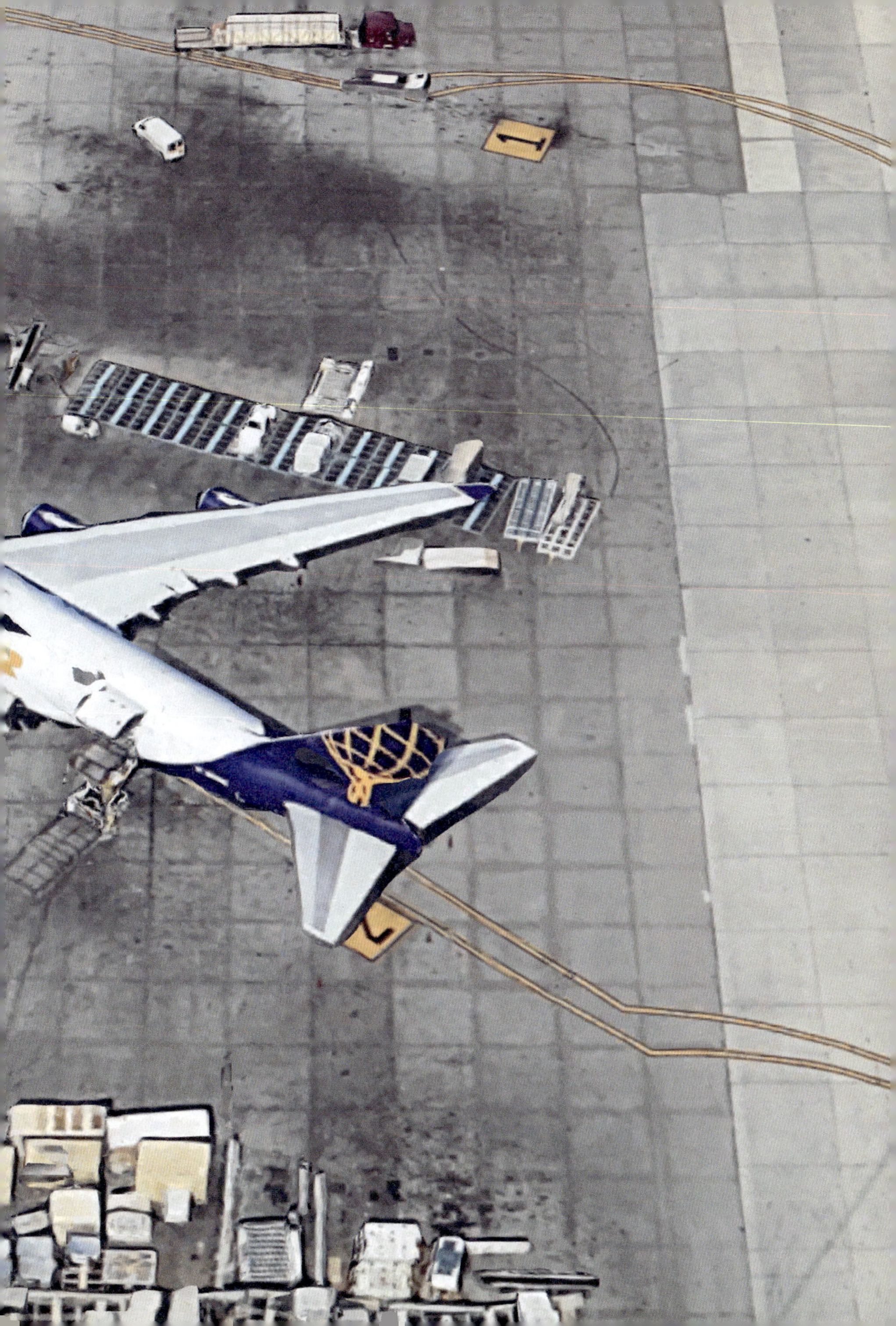

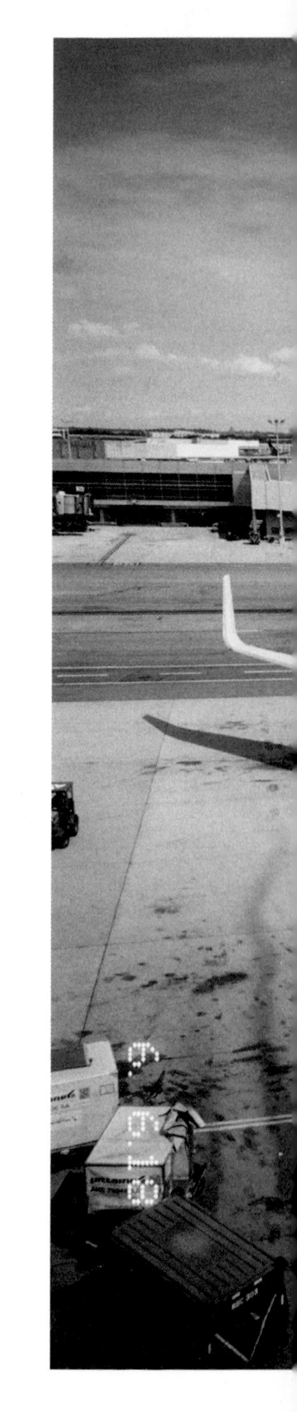

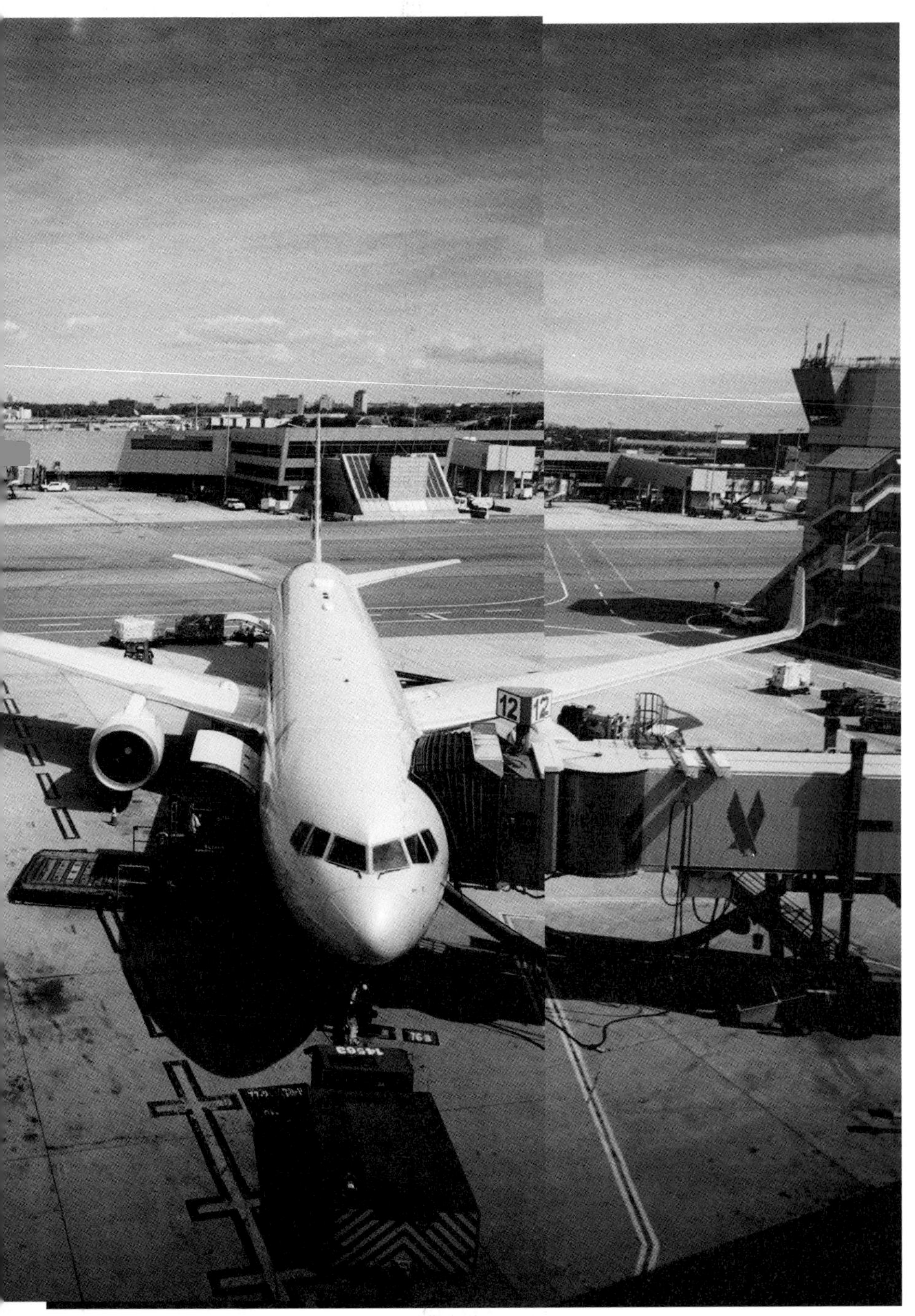
12 12

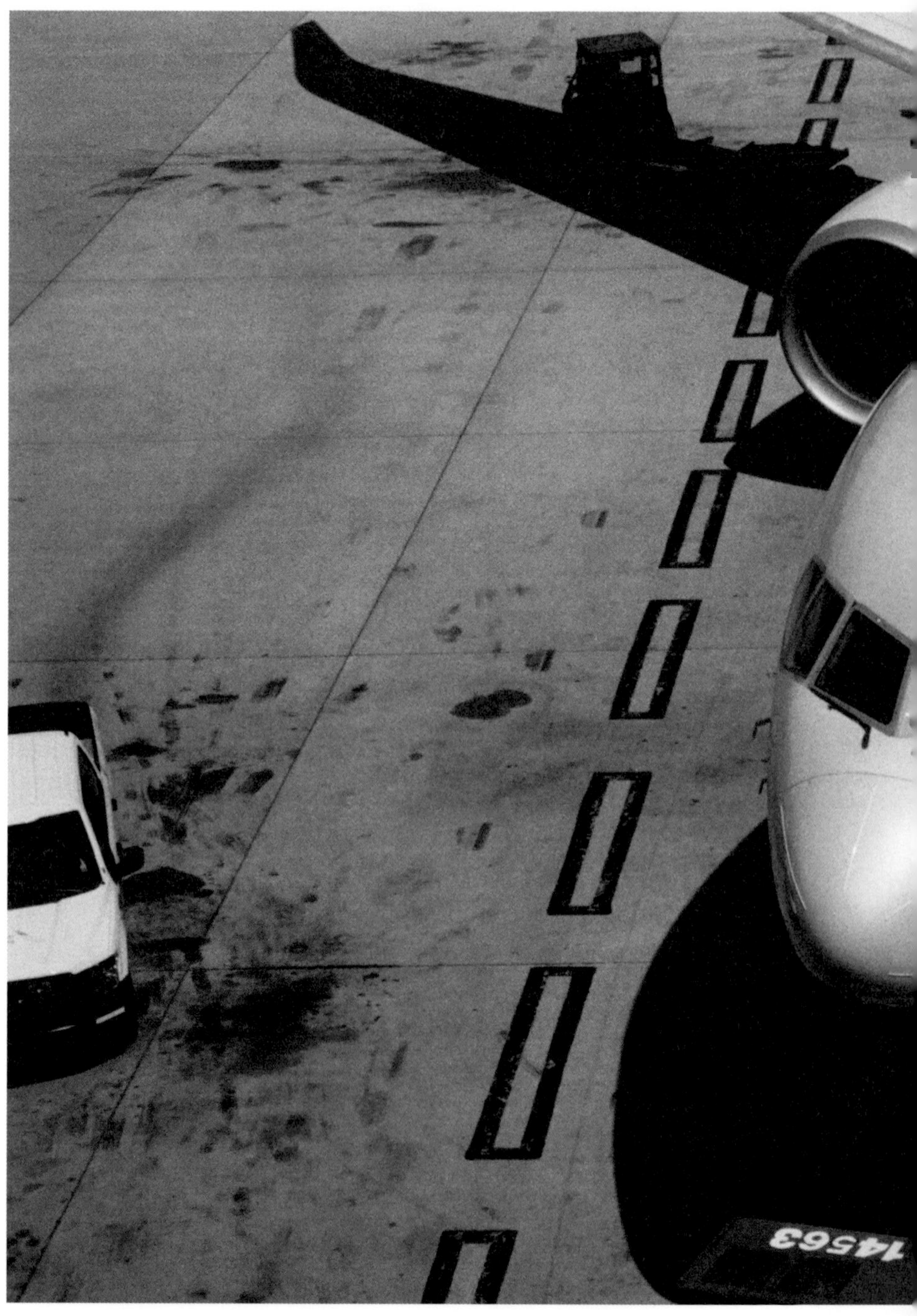
14563

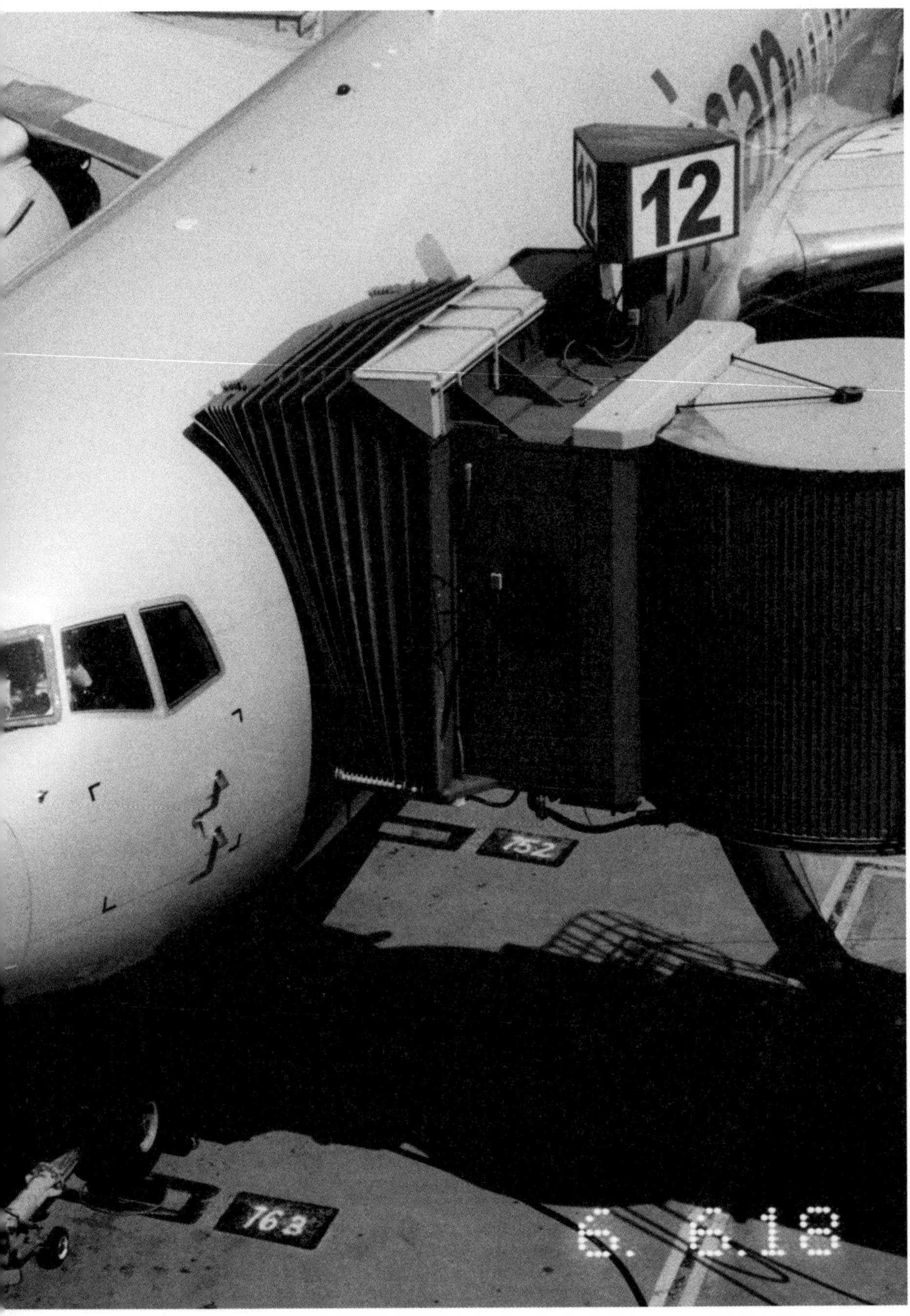
12
752

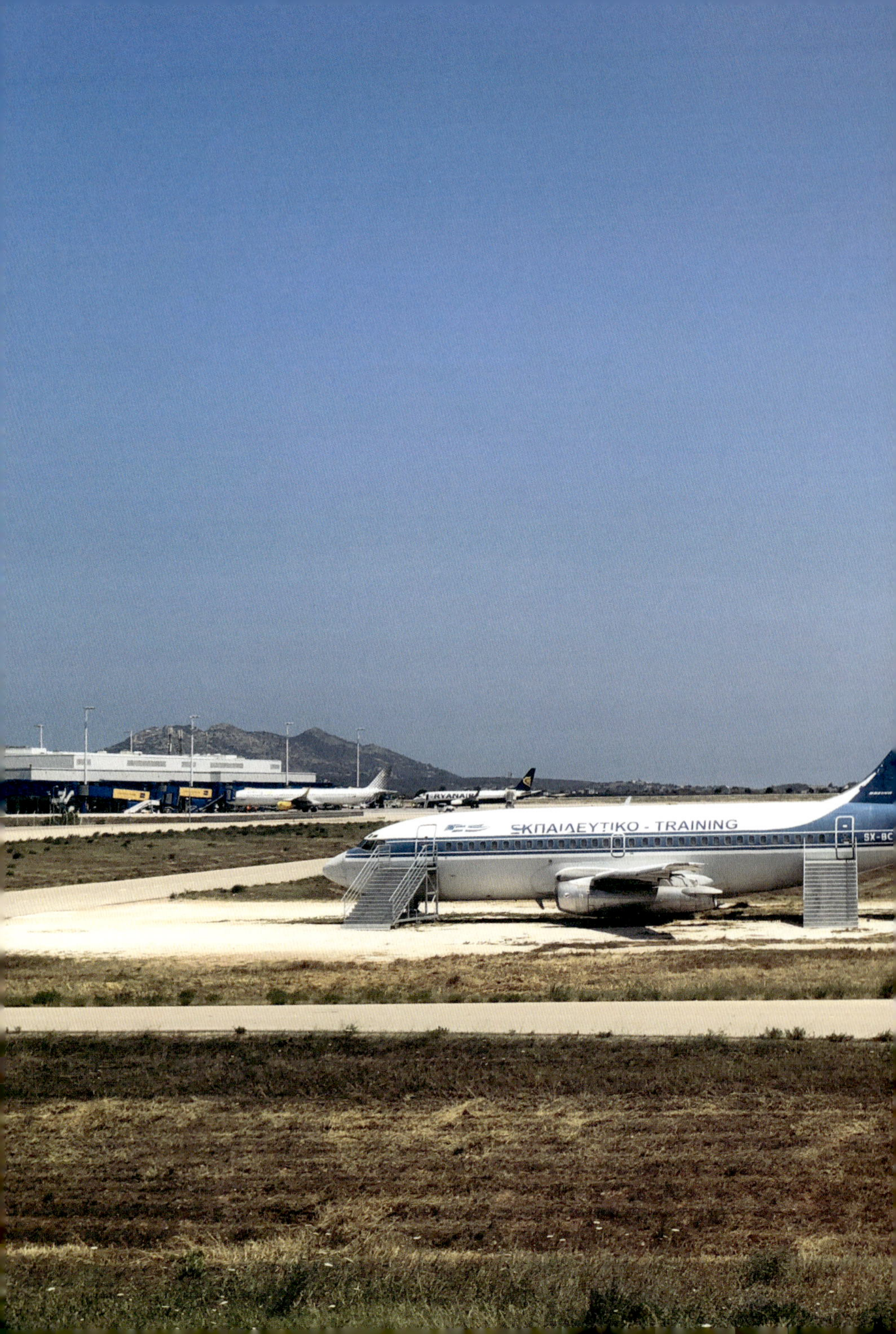
ΕΚΠΑΙΔΕΥΤΙΚΟ - TRAINING

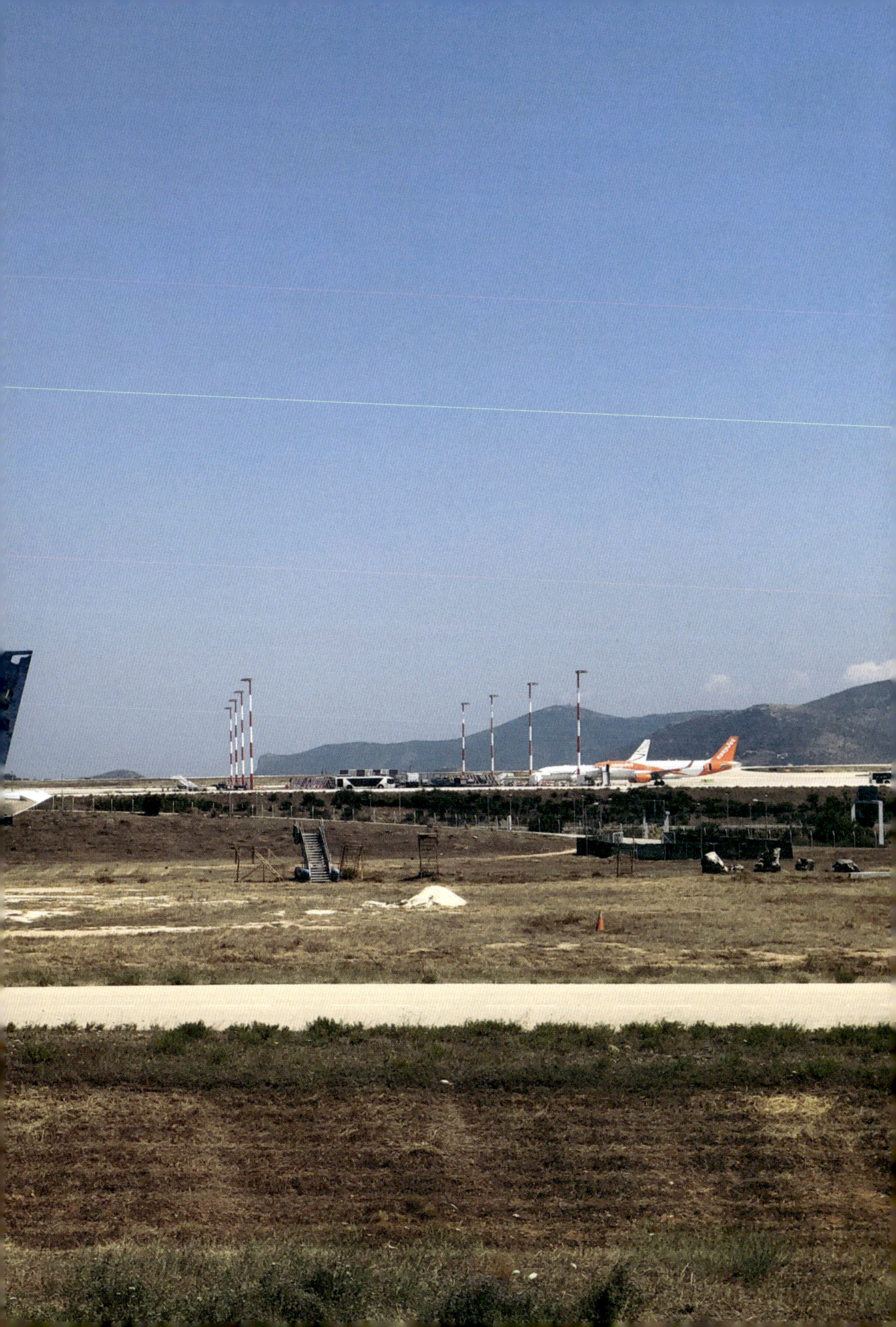

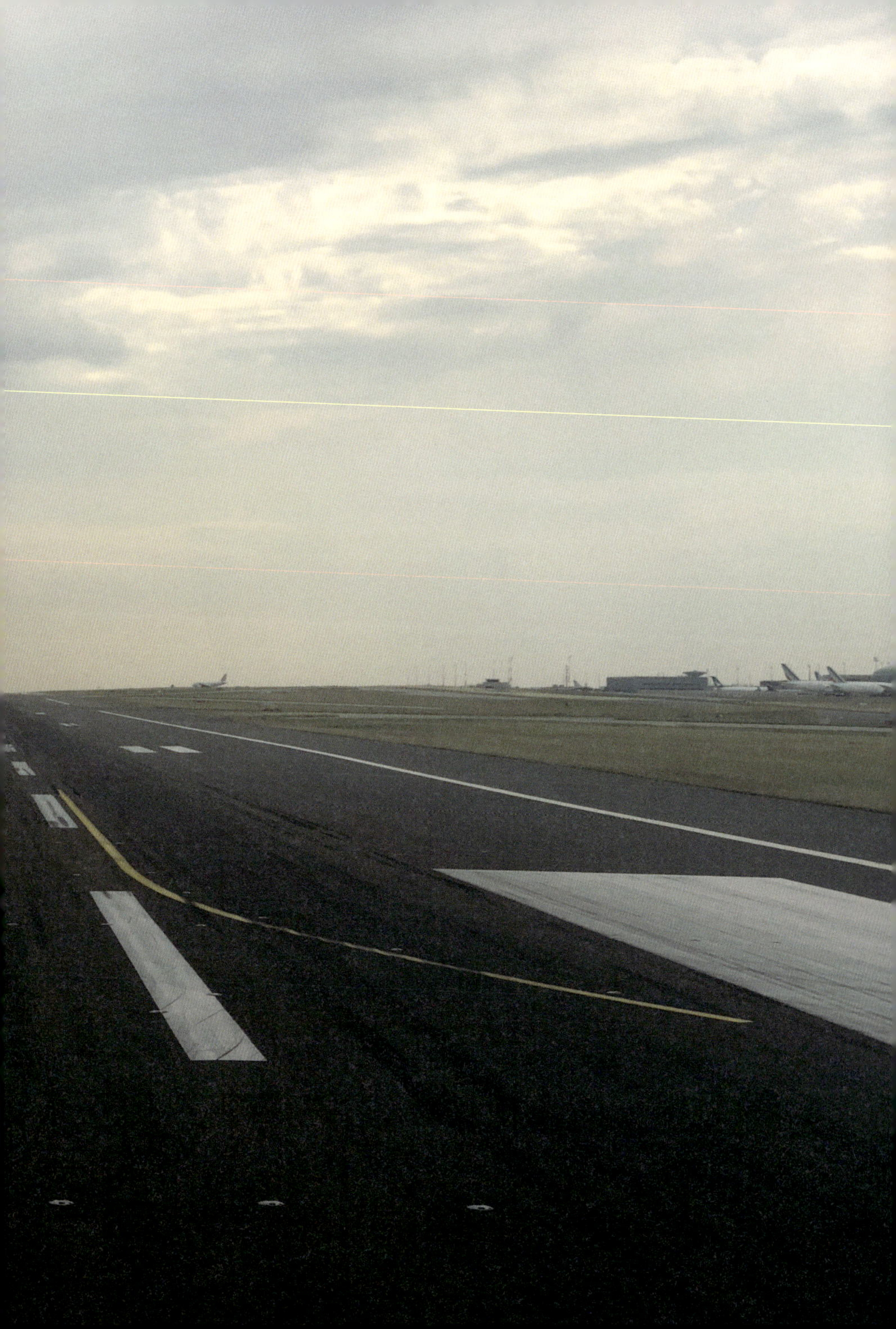

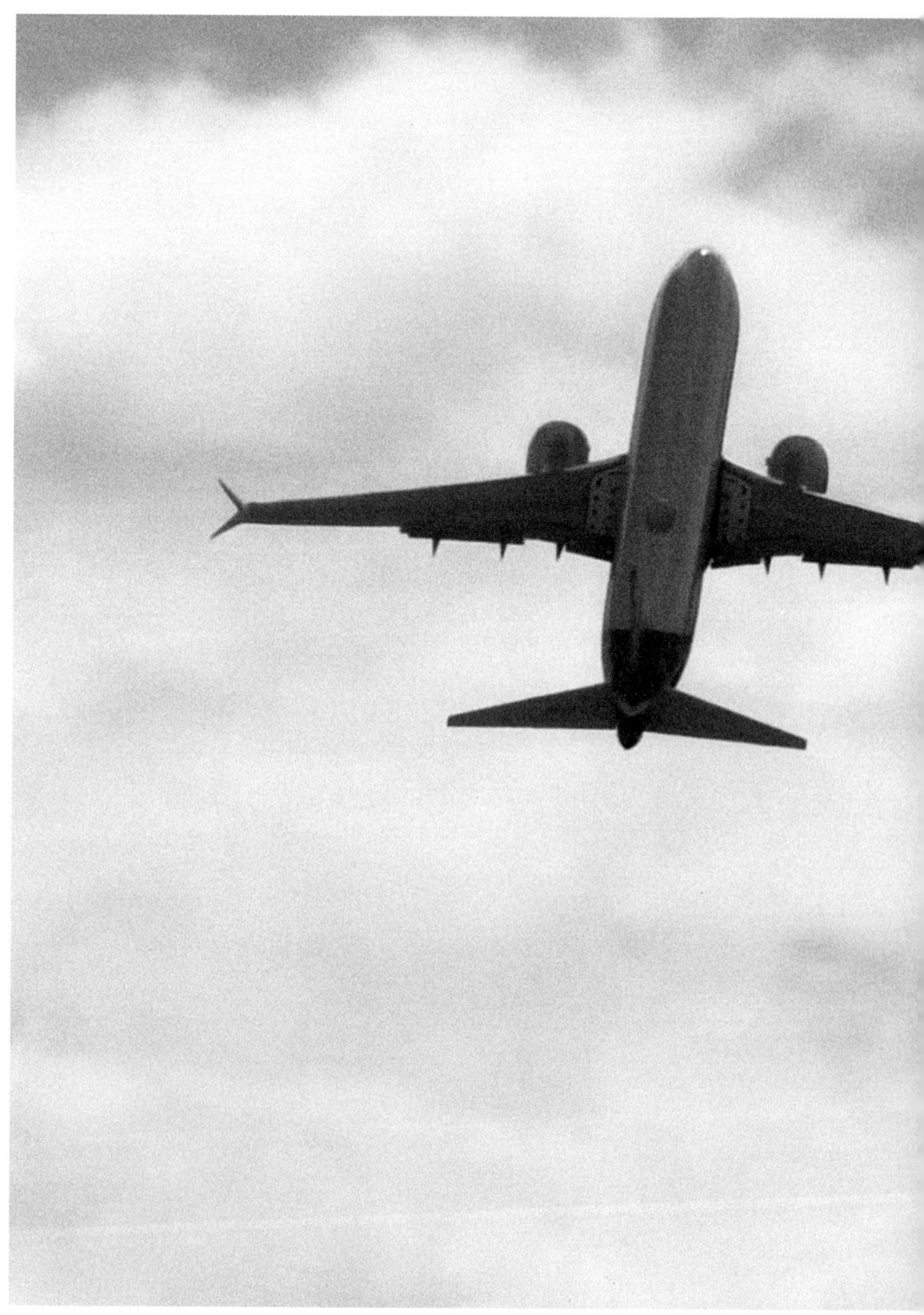

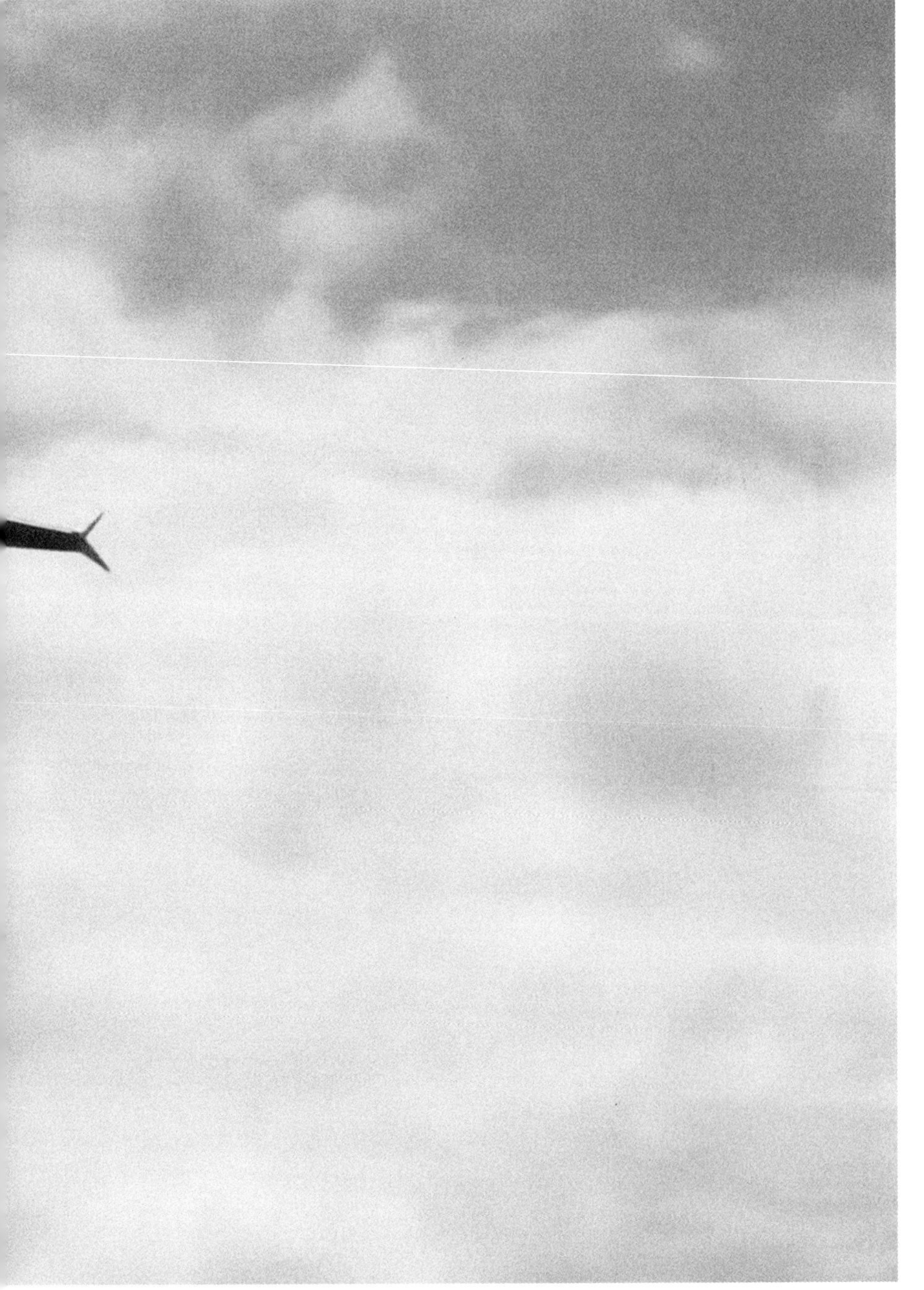

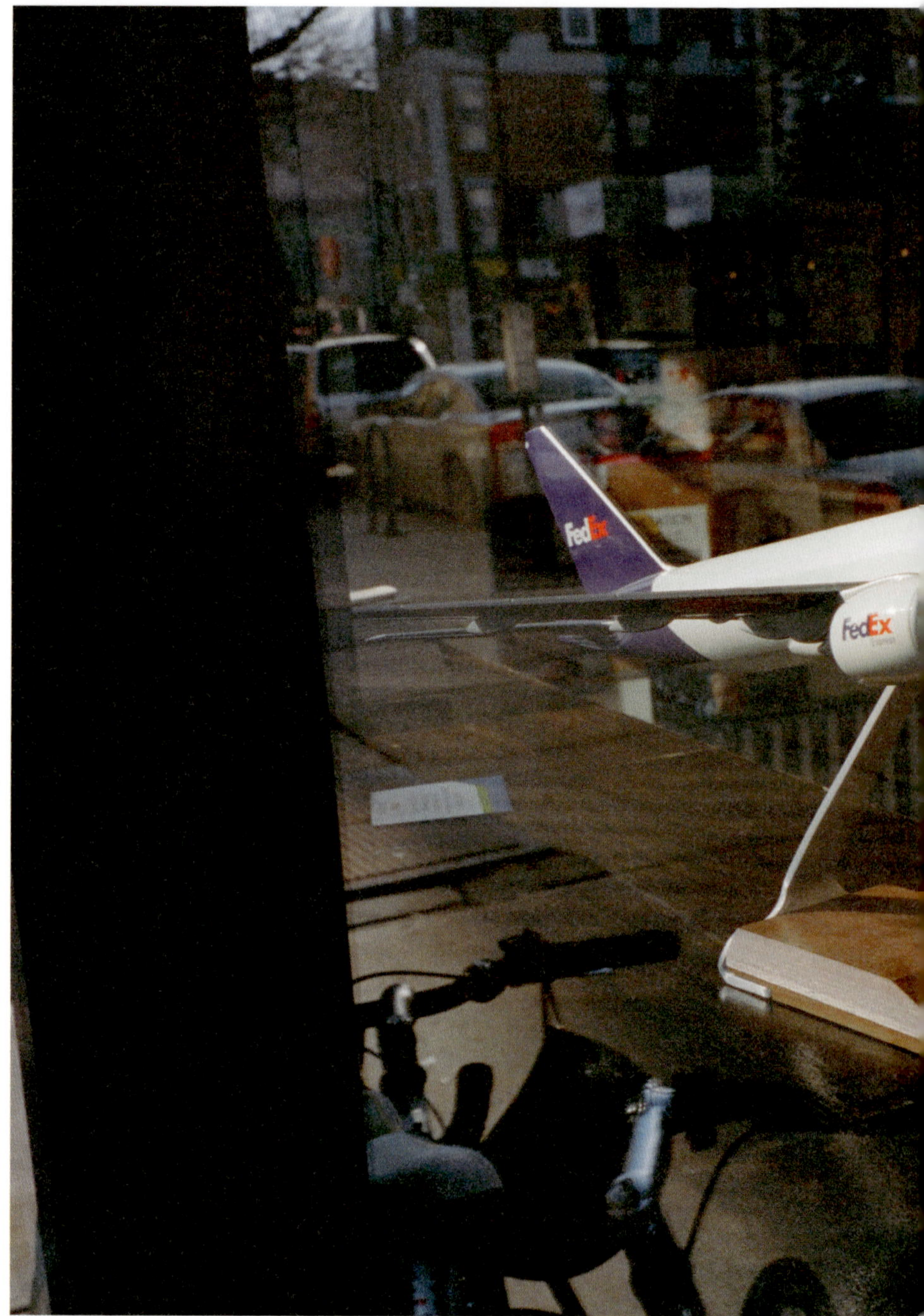
FedEx
FedEx

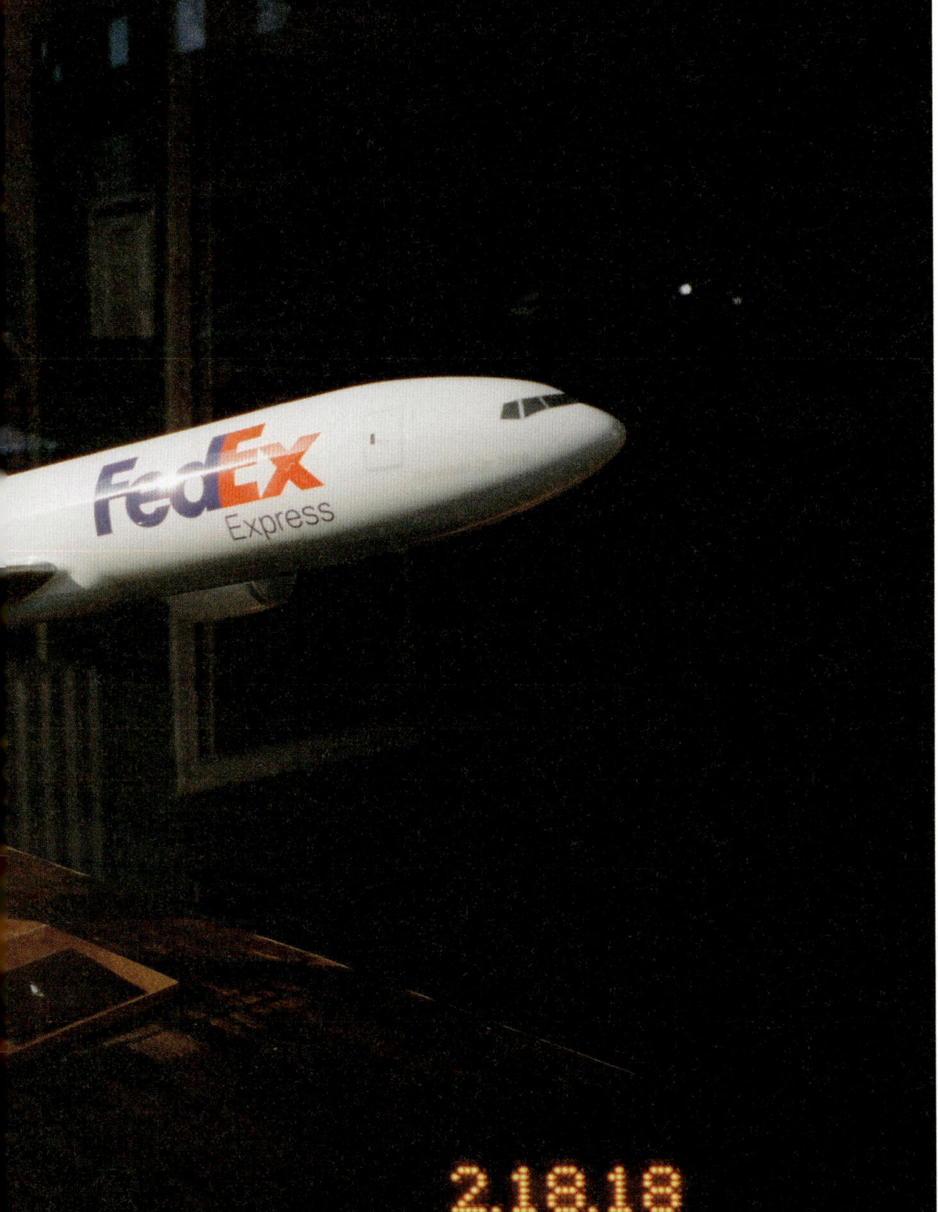
FedEx
Express
2.18.18

6.24.18

Ari Marcopoulos
Boarding Pass

First Edition

Co-Published by
Nieves and Perimeter Editions

www.nievesbooks.com
www.perimetereditions.com

Nieves ISBN 978-3-905999-96-9
Perimeter ISBN 978-0-6482628-8-6
Perimeter Editions 038